Die Prinz-Heinrich-Kaserne in Lenggries

von Robert J. Huber

Ein geschichtlicher Überblick

Die Kaserne in Lenggries

Robert J. Huber

Impressum

Bibliografische Information der Deutschen Nationalbibliothek:
Die Deutsche Nationalbibliothek verzeichnet diese Publikation in der Deutschen Nationalbibliografie; detaillierte bibliografische Daten sind im Internet über https://dnb.de abrufbar.

Korrekturarbeiten: Claudia Huber

Herstellung und Verlag: BoD – Books on Demand, Norderstedt

ISBN: 978-3-7526-0793-2

Danksagung

Das Lenggrieser Waldkirchenforum

hat mich auf die Idee zu diesem Buch gebracht.

Herzlichen Dank dafür!

Inhalt

PROLOG

In diesem Beitrag geht es um die 85jährige Geschichte der Lenggrieser Kaserne. Gebaut 1935/36 in der heißen Phase der nationalsozialistischen Aufrüstung beherbergte sie bis zum Kriegsende 1945 viele verschiedene Wehrmachtstruppenteile. Unzerstört in US-amerikanische Hände gefallen, folgte nahtlos eine vielfältige Nutzung durch die US-Army. Nach kurzer Unterbrechung war sie dann ab 1973 bis Ende 2003 eine Kaserne der Bundeswehr; der Standort Lenggries galt als einer der schönsten Deutschlands. Seitdem ringen die Verantwortlichen um eine geeignete zivile Verwendung dieser Liegenschaft.
Eine zusammenhängende Beschreibung der wechselvollen Geschichte existiert bislang nicht, deshalb fasst diese Abhandlung erstmals die historischen Ereignisse zusammen. Dabei fließen auch Informationen ein, die lange Zeit nur Militärpersonen zugänglich waren.

Das (unvermeidliche) Kleingedruckte:

Der Text enthält in Fußnoten zahlreiche Links zu nach Meinung des Verfassers interessanten Webseiten mit weiterführenden Informationen. Das ist zwar in der E-Book –Version praktisch, zwingt aber den Autor, sich ausdrücklich von Werbeinhalten auf diesen Seiten zu distanzieren und keine Haftung für die Inhalte und das Funktionieren der Links zu übernehmen! Am Ende des Buches sind – nach Fußnoten sortiert – die Links als Text und auch als QR-Code nochmals aufgeführt. Damit kann die interessierte Leserschaft auch mit dem Smartphone und einem QR-Code-Reader direkt die Webseiten aufrufen.

1. Vorgeschichte

Die nationalsozialistische Bewegung lehnte von Anfang an die durch den Versailler Friedensvertrag von 1919 vorgesehenen militärischen Beschränkungen rundweg ab. Hatte das deutsche Heer 1914 noch knapp 800.000 Mann, so sollten es jetzt nur noch 100.000 sein. Das wurde von vielen als „tiefste Erniedrigung" empfunden. Dazu sprach ein gewisser „Herr Hittler" (man beachte die Schreibweise!) bereits 1919 in einer seiner ersten Reden vor großer Zuhörerschaft:

Deutsche-Arbeiter-Partei
Ortsgruppe München

München, den 2.Dezember 1919

Wir ersuchen Sie hiermit zu der am Mittwoch,10.Dez. 1919 Abends punkt 7 Uhr im Gasthaus „Deutsches Reich" Dachauerstr.143(Haltestelle Linie 24 Loristr.)stattfindenden

Versammlung

bestimmt zu erscheinen.

Redner: Herr H i t t l e r über „Deutschland vor seiner tiefsten Erniedrigung"

Die Einladung dient als Ausweis. Der Saal ist geheizt.

Der Ausschuß
I.A. Josef Mayer
1.Schriftführer
Andrästr.10/3 S.B.

Abbildung 1: Damals in München verteilte Einladungszettel zum Vortrag „Deutschland vor seiner tiefsten Erniedrigung". Reproduktion des Originals durch den Autor.

So verwundert es nicht, dass nach der Machtergreifung 1933 alsbald ein großes Aufrüstungsprogramm entstand. Deutschland sollte durch Beschluss des Reichskanzlers und „Führers" mit dem „Gesetz über den Aufbau der Wehrmacht und Wiederherstellung der Wehrhoheit" vom 16. März 1935[1] militärisch erstarken. Ab 1936 gab es für die Aufrüstung dann einen eigenen „Vierjahresplan"[2] unter der Leitung des Hitler-Vertrauten Herman Göring. Vorgesehen waren 700.000 Mann, beim Heer in 36 Divisionen gegliedert. Mindestens eine davon war als „Gebirgsdivision" geplant. Das sind überwiegend zu Fuß marschierende Soldaten, die ihre Waffen und das Gerät mit Hilfe von Lasttieren auch abseits fester Wege ins vorgesehene schwierige Gelände bringen können.

Abbildung 2: Adolf Hitler um 1928 in Lederhose. Den Vertrieb dieser Aufnahme untersagte er später. US-National Archives (NARA), 111-222, public domain.

Die bisherigen Standorte reichten für so viele Soldaten nicht aus, schließlich waren jetzt auch wieder Wehrpflichtige auszubilden.[3] Deshalb entstanden in Deutschland während der Jahre 1936 bis 1939 über 500 neue Kasernen.

---

[1] Siehe dazu den originalen Gesetzestext: http://alex.onb.ac.at/cgi-content/alex?aid=dra&datum=1935&pos=143&size=45 (aufgerufen am 18.08.2020)

[2] Hitlers Überlegungen dazu sind z. B. hier ausführlich dargestellt: (Bauer, 2008) http://www.kurt-bauer-geschichte.at/PDF_Lehrveranstaltung%202008_2009/14_Hitler-Denkschrift_Vierjahresplan.pdf (Fußnoten 2 und 3 aufgerufen am 18.08.2020)

[3] Beginnend ab dem Geburtsjahrgang 1914 galt ab 1935 zunächst eine zwölfmonatige, dann ab August 1936 eine zweijährige Wehrpflicht. https://www.dhm.de/lemo/kapitel/ns-regime/aussenpolitik/wehrpflicht-1935.html

Abbildung 3: Die Heeresgliederung im Jahr 1935. Der Divisionsstab der „Gebirgler" befand sich zu dieser Zeit noch in München, beim Generalkommando. In dieser ersten Ausbaustufe waren 24 neue Divisionen vorgesehen, zwölf weitere in der nächsten Ausbaustufe bis 1939. Foto: Eigene Bearbeitung aus Abdruck im Weilheimer Tagblatt vom 2. Nov. 1935, public domain.

Der in Österreich geborene „Führer" Adolf Hitler zeigte von Anfang an eine gewisse Vorliebe für München und Oberbayern. Der Baustil der hier neu entstehenden Kasernen interessierte ihn besonders.

Am Anfang war Lenggries nicht als Standort vorgesehen, doch die Planungen änderten sich mehrfach. Zunächst sollte im Alpenraum eine „Gebirgsjägerbrigade", also ein militärischer Großverband mit gut 6.000 Soldaten entstehen. Bald darauf sprach man von einer „Gebirgsdivision" mit über 25.000 Mann,

gegliedert in drei Gebirgsjäger-Regimenter zu je drei Bataillonen, vier Bataillone Artillerie, je eines für die Pioniere, die Nachrichtentruppe, die Sanitäter usw. Um diese angemessen unterbringen zu können, mussten also mindestens sechzehn neue Kasernen im Alpenraum gebaut werden, hatte doch ein einziges dieser Gebirgsjäger-Bataillone schon knapp 900 Mann und dazu gut 250 Tragtiere, meist Mulis, Haflinger und Esel.
Gleich nach der Machtübernahme 1933 erfolgte auf Weisung des „Führers" die Standortsuche. Die detaillierten Planungen fanden unter der Leitung des Hitler-Vertrauten Hermann Göring statt. „Baurecht" in unserem heutigen Sinne benötigte die nationalsozialistische Führung nicht, der Bau war ja befohlen. Zwar wurden die Kasernengrundstücke, mindestens 12 Hektar groß, vom „Reich" gekauft, allerdings zu billigsten Preisen. Nur selten gab es mehr als eine Mark für den Quadratmeter. Widerstand seitens der Grundeigentümer oder der Gemeinden konnte gefährlich sein – das Konzentrationslager Dachau war schon seit 1933 in Betrieb. Vielleicht auch deshalb übertrug so manche Gemeinde den Baugrund unentgeltlich an das „Reich" und sorgte auf eigene Kosten für den Bau von Zufahrtsstraßen und Infrastruktur. Idealerweise hatte ein Standort nicht nur bebaubare Flächen, sondern auch einen leistungsfähigen Bahnanschluss, gerne elektrifiziert. War das gegeben, setzte man den (Vor-)Alpenbewohnern auch mal gleich zwei neue Kasernen in den Ort, so z. B. geschehen in Garmisch, Murnau und Sonthofen.
Trotzdem war es nicht einfach, alle Gebirgsjäger unterzubringen. Kurz dachte der Planungsstab dabei auch an Bad Tölz, doch die Kreisstadt schied aus. Dort hatten die Funktionäre der Nationalsozialistischen Arbeiterpartei (NSDAP) den Bau einer „Junker-Schule" für den Führungsnachwuchs der SS vorgesehen – mitten im Badviertel. Sie argumentierten „Die Angehörigen der Reichs-Führerschule bedeuten eine lebendige Reklame für den

Badeort".[4] Ein großer Irrtum, die Besucherzahlen gingen zurück, denn die SS verlangte von ihrem Führer-Nachwuchs keinen besonderen Schulabschluss, dafür aber das „schlagkräftige" und lautstarke Eintreten für die Ziele der Partei. Im Jahr 1934, bei ihrer Gründung, hatte die Schule in der Schützenstraße nur etwa hundert Lehrgangsteilnehmer, sie wuchs aber beständig.[5] Dem Kurbetrieb war das laute, rassistische Verhalten der SS nicht zuträglich, zumal immer mehr Gebäude im Kurviertel zu günstigsten Konditionen von den Nationalsozialisten angemietet wurden. Adolf Hitler muss jedoch das Wachstum der SS in der Kurstadt sehr gefallen haben, denn Roderich Fick aus Herrsching,

Abbildung 4: Die 1935/36 entstandene neue Isarbrücke in Bad Tölz. Entnommen aus „Das Bauen im neuen Reich", Gauverlag Bayer. Ostmark, Bayreuth, 1941, US-National Archives (NARA), public domain.

---

[4] Siehe dazu den Artikel der Süddeutschen Zeitung vom 29.01.2017, https://www.sueddeutsche.de/muenchen/wolfratshausen/stadtmuseum-der-grosse-nazi-plan-fuer-bad-toelz-1.3355173 (aufgerufen am 06.08.2020)

[5] Ebd.; vom ursprünglichen Gebäude sind nur noch Teile erhalten. Heute befindet sich dort die Asklepios-Klinik.

einer der wenigen Lieblingsarchitekten des „Führers" erhielt den Auftrag, eine neue repräsentative Isarbrücke zu errichten.[6]
Es war wohl der Tölzer Stadtbaumeister Peter Freisl, ein Schüler des berühmten bayerischen Baumeisters Gabriel von Seidl, der die Verantwortlichen davon überzeugen konnte, an der Sachsenkamer Straße eine komplett neue und sehr geräumige SS-Junkerschule mit über 900 Räumen zu bauen.[7] Damit schied Bad Tölz für die Wehrmacht aus, es gab kein zweites geeignetes Gelände im direkten Umfeld der Kreisstadt.

Abbildung 5: Adolf Hitler zwischen zwei "Lieblingsarchitekten". Links, ohne Hut, Albert Speer, rechts, mit Hut, Roderich Fick. Ausschnitt aus Foto: Institut für Kunstgeschichte, Universität Wien, CC-SA-BY 3.0

So geriet die nächstgrößere Gemeinde isaraufwärts, Lenggries, in den Fokus der Nationalsozialisten. Ganz genau lässt sich der Planungsprozess nicht mehr rekonstruieren – viele Unterlagen dazu gingen in München bei kriegsbedingten Bränden verloren – jedoch gibt es mehrere Zeitzeugenberichte darüber, dass es im Dorf erheblichen Widerstand gab, kostbare landwirtschaftliche Nutzfläche für eine Kaserne zu opfern. Zwar konnte die

---

[6] Einen Überblick über das umfangreiche Schaffen Roderich Ficks im III. Reich bietet die Webseite der Technischen Universität München: https://mediatum.ub.tum.de/887991 (aufgerufen am 06.08.2020)
[7] siehe Fußnote 4

Gemeinde die mit einer Kaserne verbundenen Arbeitsplätze gut gebrauchen – die Flößerei war mit der Inbetriebnahme des Walchenseekraftwerks im Jahr 1924 praktisch weggefallen[8] – doch befürchteten viele Einheimische durch die übenden Soldaten eine weitere Schwächung der noch einigermaßen rentablen Landwirtschaft. Den Lenggriesern hatte man damals seitens „der Obrigkeit" viel versprochen, z. B. die Elektrifizierung der Bahnverbindung,[9] und wenig gehalten. Die erste Skepsis gegenüber dem militärischen Bauvorhaben verwundert deshalb nicht. Umgekehrt hatte das Dorf bei den nationalsozialistischen Machthabern auch keinen guten Ruf, es galt als königstreues „schwarzes Nest".[10] Der letzte bayerische König, Ludwig der III., war wohl recht gerne in Lenggries. Kronprinz Rupprecht, der Thronfolger, heiratete in zweiter Ehe hier am 7. April 1921 unter reger Anteilnahme der Bevölkerung die auf Schloss Hohenburg wohnende Antonia von Luxemburg.[11] Den Alltag der Dorfbewohner bestimmten christlich-bayerische Traditionen – kein ideales Pflaster für Nationalsozialisten.

---

[8] Um dem neuen Kraftwerk bei Kochel genügend Wasser zuführen zu können, entnahm man am Stauwehr bei Krün der Isar große Mengen und führte es in einer Überleitung in den Walchensee. Der Rest reichte nicht, um einen geregelten Flößereibetrieb bei Lenggries zu betreiben. Siehe dazu z. B.: https://de.wikipedia.org/wiki/Stauwehr_Kr%C3%BCn (aufgerufen am 20.08.2020)

[9] Siehe dazu z. B. den Artikel „Der betrogene Isarwinkel" im Münchner Merkur vom 29.04.2020, https://www.merkur.de/lokales/bad-toelz/bad-toelz-ort28297/betrogene-isarwinkel-schon-vor-100-jahren-ging-es-um-elektrifizierung-bahn-13744703.html (aufgerufen am 20.08.2020)

[10] Dazu gibt es Zeitzeugenberichte. So z. B. bei (Wasensteiner, 2018), S. 56

[11] Die Ehe schloss in der Lenggrieser Pfarrkirche in Vertretung des zuständigen Erzbischofs Michael Kardinal Faulhaber der spätere Papst Pius XII., Eugenio Pacelli, damals noch päpstlicher Botschafter in München. Siehe dazu (Wolf, 2020): http://www.pacelli-edition.de/dokument.html?idno=5713 (aufgerufen am 18.08.2020)

2. Die Kaserne wird gebaut

Die „Heeresbauverwaltung" hatte den Auftrag, innerhalb des Reichsgebietes in wenigen Jahren über 500 neue Kasernen zu errichten, eine gewaltige Herausforderung.[12] Deshalb gab es eine reichsweite Rahmenplanung, die dann den einzelnen regionalen Heeresbauämtern als Grundlage für die Feinplanung diente. Vor dem ersten Weltkrieg erstellte Kasernenbauten hatten üblicherweise Gemeinschafts-Schlafsäle für die einfachen Soldaten, bis zu 100 Mann teilten sich einen Raum. Am Aufgang lagen dann Doppel-Stuben für die Unterführer. Bei den damals nicht selten auftretenden ansteckenden Krankheiten, wie Typhus und Cholera, erwies sich das als unzweckmäßig. Die ab 1934 errichteten Kasernen sahen deshalb für jede Kompanie (etwa 150 Mann) getrennte Gebäude und für maximal acht Mann eine einzelne „Stube" vor. Die Unterführer zogen nach oben in ein eigenes Stockwerk. Außerdem entstanden Stallungen für die damals noch unentbehrlichen Tragtiere in einiger Entfernung zu den Unterkünften. Somit reduzierte sich die Ansteckungsgefahr für die Soldaten im Krankheitsfall erheblich.

Adolf Hitler legte bei den Gebirgsjägerkasernen großen Wert auf eine künstlerisch anspruchsvolle Bauausführung, sah er sich doch selbst – obwohl ohne Schul- und Berufsabschluss – als „Fachmann" für Architektur. Einer seiner bevorzugten Architekten war damals der bereits genannte Baurat Roderich Fick. Ihm fiel die Aufgabe zu, als „Oberleitung" die ihm zuarbeitenden, oft freiberuflich wirkenden Architekten zu beaufsichtigen und deren Entwürfe gegebenenfalls im nationalsozialistischen Sinne zu überarbeiten. Manchmal zog er

[12] Siehe dazu den Überblicksartikel: https://de.wikipedia.org/wiki/Aufr%C3%BCstung_der_Wehrmacht (aufgerufen am 03.10.2020)

noch einen „künstlerischen Oberleiter" hinzu. So z. B. geschehen bei der im Jahr 1934 entstandenen Kaserne in Mittenwald und bei der Artillerie-Kaserne in Garmisch.[13] Im Allgäu arbeitete Willy

Abbildung 6: Der von Roderich Fick geprägte Baustil am Beispiel einer Allgäuer Gebirgsjägerkaserne. Foto aus: „Das Bauen im neuen Reich", Gauverlag Ostmark, Bayreuth, 1941, public domain.

Appel unter der Aufsicht Ficks. Diese typische Gebirgsjäger-Kaserne gefiel Adolf Hitler besonders; sie wurde im „alpenländischen Heimatstil" mit Zwiebelturm erbaut und in der reichsweit vertriebenen Kunstzeitschrift „Das Bauen im neuen Reich" als mustergültig vorgestellt.

In Lenggries gingen im Jahr 1935 Bruno Biehler[14] und Karl Erdmannsdorfer als Architekten ans Werk. Als Bauherr fungierte

---

[13] „Künstlerischer Oberleiter" war hier der erfahrene Murnauer Architekt Gustav Reutter.

[14] Regierungsbaumeister Biehler gewann den Architektenwettbewerb. Einen Überblick über sein Schaffen bietet: https://de.wikipedia.org/wiki/Bruno_Biehler (aufgerufen am 20.08.2020).

die Heeresbauverwaltung in München. Der vom „Führer" für gut befundene „Heimatstil" mit den Zwiebelhauben und zusätzlichen Malereien wurde auch hier umgesetzt. Offensichtlich zur Zufriedenheit, denn Bruno Biehler konnte in den Jahren 1937/38 eine weitere Gebirgsjägerkaserne in Bischofswiesen (bei Berchtesgaden) erstellen. Ab 1938 arbeitete er dann unter der „Oberleitung" Ficks an der sogenannten „Führer-Siedlung" in der Patenstadt des „Führers", Linz. Es darf angenommen werden, dass nur Architekten mit einwandfreier nationalsozialistischer Gesinnung an solche Aufträge kamen.

Heeresbauverwaltung (Karl Erdmannsdorffer) mit Bruno Biehler

Abbildung 7: Eines der vier in U-Form gebauten Kompaniegebäude mit Platz für bis zu 180 Soldaten. Bemerkenswert sind die Bemalungen an den Erkern und über den Eingängen. Foto aus: „Das Bauen im neuen Reich", Gauverlag Ostmark, Bayreuth, 1941, public domain.

So entstand ab September 1935 im Lenggrieser Ortsteil Wasen, etwas außerhalb, eine fast rechteckige, gut 15 Hektar große militärische Liegenschaft mit dem typischen großen Exerzierplatz in der Mitte. Die Gemeinde erschloss das Gelände, zur Kaserne führte jetzt eine gut ausgebaute „Gebirgsjägerstraße".

An der Bauausführung waren auch ortsansässige Unternehmen beteiligt, so z. B. die alteingesessene Baufirma Schwarzenberger. Um an so einen großen Staatsauftrag zu kommen, musste der Betrieb zwingend als „nationalsozialistisch" gelten. Deshalb hat zu dieser Zeit mancher Unternehmer, auch aus Verantwortung für seine Mitarbeiter, den Mitgliedsantrag für die Partei oder eine nationalsozialistische Organisation unterschrieben und sich an die neuen Regeln gehalten. Aus der heutigen Perspektive verdient dieses Verhalten weder eine pauschale Verurteilung noch eine generelle Rechtfertigung. Es sollte die Mühe wert sein, den Einzelfall zu beachten.

Abbildung 8: Der festliche Zug zur Kasernenbaustelle am 1. Mai 1936; hier die Delegation der Firma Schwarzenberger. Vorneweg marschiert in der Uniform eines Hitlerjungen Hans M. jun. Zwingend vorgeschrieben ist damals das Hakenkreuz auf dem Festschmuck. Hier ist es sehr klein und nur genauso groß wie die schwarz-weiß-rote Fahne des kaiserlichen Deutschlands. Ein stiller Protest? Foto: © P. Schwarzenberger, mit freundlicher Genehmigung

Der Winter 1935/36 verlief relativ mild, nur an wenigen Tagen ruhten witterungsbedingt die Bauarbeiten. Mit anfangs 400, dann 600 und schließlich bis zu 1.000 Arbeitern galt die Kaserne als Großbaustelle. Bis aus dem bayerischen Wald kamen per Bahn die Handwerker. Die Versorgung der vielen Menschen war eine gewaltige Herausforderung, bescherte aber auch willkommene Umsätze im Dorf. Ohne den heute üblichen Maschinenpark gelang in nur 13 Monaten die Fertigstellung der gesamten Anlage – eine beachtliche Leistung.

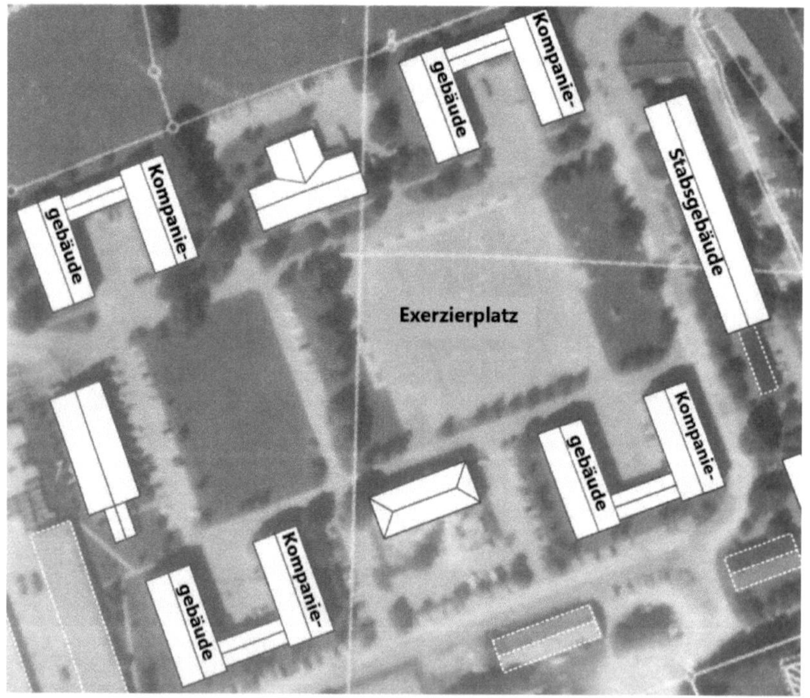

Abbildung 9: Kernbereich der neuen Kaserne mit dem zentralen Exerzierplatz und den spiegelbildlich angeordneten vier U-förmigen Kompaniegebäuden. © P. Schwarzenberger, eigene Bearbeitung, mit freundlicher Genehmigung.

Es entstanden in Ziegelbauweise vier dreigeschossige, in U-Form gebaute, voll unterkellerte Kompaniegebäude mit Walmdach. Im

Erdgeschoss, nahe dem Eingang, war das Geschäftszimmer. Hier konnten die Soldaten ihre Anliegen vortragen. Dahinter gab es Büros für den Chef der Kompanie und Feldwebel mit besonderen Aufgaben sowie eine große, mit Stahltüren versehene Waffenkammer. Die dem Exerzierplatz zugewandten Stirnseiten der Gebäude erhielten mit alpenländischen Motiven bemalte Erker. Am Eingang befand sich ein Raum für den „Unteroffizier vom Dienst" (UvD), eine Art Pförtner, der den Zugang zu überwachen hatte. In den Stuben für sechs bis acht Soldaten im ersten und zweiten Stock schliefen die einfachen Soldaten, die „Jäger". Ihre direkten Vorgesetzten, die „Oberjäger" (entspricht dem Dienstgrad eines Unteroffiziers), hatten etwa 22 Quadratmeter große Zwei-Mann-Stuben im Zwischenbau, manche sogar mit Waschbecken. Feldwebel hatten Einzelzimmer, die noch aus dem Königreich Bayern stammende Normgröße war hier 18 m². Duschen und Toiletten gab es allerdings nur am Ende des Flurs. Im Keller hatte jede Teileinheit, jeder „Zug", einen eigenen Lagerraum für Werkzeug und Ausrüstungsgegenstände.

Abbildung 10: Kompaniegebäude der Lenggrieser Kaserne um 1938. Im Vordergrund zwei Gebirgsjäger mit zwei Tragtieren. Foto: Privat.

An der Längsseite, der Isar zugewandt, platzierte der Architekt ein langgestrecktes, dreigeschossiges „Stabsgebäude" mit Satteldach. Geräumige Büros, dabei ein besonders großes für den Bataillonskommandeur, entstanden im ersten Stock. Wichtig war der freie Blick auf den Exerzierplatz zur „Dienstaufsicht". Das große Gebäude enthielt auch Unterkünfte und Diensträume für die Stabs- und Wachsoldaten. Die leistungsfähige zentrale Heizanlage konnte in den Kellerräumen Platz finden. Den Haupteingang schmückte ein kleiner Turm mit Zwiebelhaube und Uhr. Die oberste Geschoßdecke unter dem Dach führte man in massiver Betonbauweise aus. Im Falle einer Bombardierung sollten die Geschosse nicht bis in die Büroräume durchschlagen.

Abbildung 11: Das Stabsgebäude mit Zwiebelturm und Uhr, davor der Exerzierplatz. Am linken Bildrand ist mit vorspringendem Dach die „Wache" zu erkennen. Dort befindet sich der Haupteingang zur Kaserne. Die breiten Schornsteine in der Mitte gehören zur zentralen Heizanlage. Foto: Bildband „Das Bauen im neuen Reich", Gauverlag Bayreuth, 1941, public domain.

Nicht fehlen durfte das Kantinengebäude am Rande des Exerzierplatzes. Der Speisesaal sollte genügend Platz für die bis zu 900 Mannschaften und Unteroffiziere bieten. Die Offiziere hatten eine eigenes, etwas abgesetztes „Kasino", damit sie bei der Verpflegungseinnahme und Feierlichkeiten unter sich bleiben konnten. Das Gebäude mit den von Roderich Fick so geschätzten Zwiebelhauben auf den flankierenden Treppentürmen hatte auch einen kleinen angebauten Ballsaal. Einfache Soldaten waren als eine Art Bedienung für Offiziere abgestellt, die sogenannten „Ordonnanzen". Sie servierten die Mahlzeiten und abends (alkoholische) Getränke. In dieser Funktion diente der Gefreite Adolf Hitler zusätzlich zu seiner Tätigkeit als Meldegänger in den letzten beiden Jahren des ersten Weltkriegs. Vertiefte militärische Kenntnisse erlangte er dadurch sicher nicht.

Heeresbauverwaltung (Hans Helmut Sänger) mit Bruno Biehler   Offiziersheim in Süddeutschland

Abbildung 12: Das Offiziersheim in der Lenggrieser Kaserne. In den markanten Erkern mit Zwiebelhauben verbergen sich Treppen. An der künstlerischen Gestaltung war auch der Münchner Architekt Hans Helmut Sänger beteiligt. Foto: Bildband „Das Bauen im neuen Reich", Gauverlag Bayreuth, 1941, public domain.

Das Offiziersheim existiert heute noch in einem nahezu originalen Zustand, wenn auch in etwas verwilderter Umgebung:

Abbildung 13: Das Offiziersheim der Prinz-Heinrich-Kaserne. Foto: Autor, 2020.

Zur Kaserne gehörten natürlich auch Ställe für bis zu 250 Tragtiere, meist Mulis. Dazu gab es eine große Scheune für das Tierfutter. Selbstverständlich sah der Bauplan auch eine Waffenmeisterei, Werkstätten, Kantinengebäude, eine Sporthalle, Schulungsgebäude und weitere Nebengebäude vor.[15]

---

[15] Details sind in der bayerischen Denkmalliste unter den Nummer D-1-73-135-213 auf Seite 14 beschrieben: (Denkmalpflege, 2020) http://geodaten.bayern.de/denkmal_static_data/externe_denkmalliste/pdf/denkmalliste_merge_173135.pdf (aufgerufen am 20.08.2020)

Abbildung 14: Der Blick vom ersten Stock des Stabsgebäudes nach Osten, auf die Gemeinde Lenggries. Das Foto entstand etwa 1937, © Nachlass Wiedemann, mit freundlicher Genehmigung.

Üblicherweise erhalten Kasernen Eigennamen, es gibt einen Namenspatron. Dafür eignet sich besonders eine militärische Führungskraft mit ruhmreicher Vergangenheit. Hier wählte das Münchner Generalkommando einen Wittelsbacher: Prinz Heinrich von Bayern. Zweifelsohne ein tapferer, sehr fürsorglicher Offizier, mit höchsten Orden ausgezeichnet, zuletzt Kommandeur des III. Bataillons im „königlich bayerischen Infanterie-Leib-Regiment". Er starb jung im ersten Weltkrieg, erst 32 Jahre alt, durch einen Bauchschuss am 8. November 1916. In vorderster Linie wollte er trotz Warnung vor Scharfschützen den Feind an der rumänischen Front beobachten, als ihn beim Zurückgehen die Kugel traf. Auf den ersten Blick eine sehr ungewöhnliche Entscheidung. Die Ehrung eines Mitglieds des ehemaligen bayerischen Königshauses entsprach absolut nicht der damaligen politischen Linie. Allerdings war Prinz Heinrich eben auch Taufpate Heinrich

Himmlers, eines fanatischen Nationalsozialisten Das kam so: Himmlers Vater, Joseph Gebhard Himmler, wirkte nicht nur als Direktor am Münchner Wittelsbacher-Gymnasium, sondern auch als Erzieher des jungen Prinzen Heinrich von Bayern. Das Königshaus bestimmte den 17-jährigen Prinzen zum Taufpaten für den zweiten Sohn des Pädagogen, eine große Ehre. So erhielt dieser, am 7. Oktober 1900 geboren, den Vornamen „Heinrich".[16] Heinrich Himmler, inzwischen als „Reichsführer der SS", einer der Ranghöchsten im „neuen Reich", wohnte im Nachbartal bei Gmund am Tegernsee. Seine Tochter Gudrun ging bei Max Rill in Reichersbeuern zur Schule. Somit erscheint die Namensgebung der Lenggrieser Kaserne auch im wörtlichen Sinne naheliegend.

Abbildung 15: Prinz Heinrich von Bayern in der Uniform eines königlich bayerischen Majors des „Infanterie-Leib-Regiments". Das „Eiserne Kreuz 1. Klasse" an der Brust, am Knopfloch oben das Ordensband für die höchste bayerische Tapferkeitsauszeichnung „Max-Joseph-Orden". Geboren am 24. Juni 1884, gefallen am 8. November 1916 in Rumänien (Monte Sate). Foto: Hoffotograph Dittmar, public domain.

[16] Siehe dazu: https://de.wikipedia.org/wiki/Heinrich_von_Bayern_(1884%E2%80%931916) (aufgerufen am 20.08.2020)

3. Gebirgsjäger beziehen die Kaserne

Am 3. Oktober 1936 kamen die ersten Soldaten in der neuen Kaserne an, ein Vorauskommando des Gebirgsjägerregiments 100 aus Traunstein. Zwei Kompanien des dort stationierten II. Bataillons wechselten nach Lenggries. Damit war die Gemeinde jetzt offiziell Garnisonsstadt. Nach und nach folgten weitere Kompanien aus Bad Reichenhall und Traunstein. Schon wenige Monate später, Anfang 1937, kam es zur ersten Umgliederung. Das Lenggrieser Bataillon wechselte ins neu aufgestellte Gebirgsjägerregiment 98. Kommandeur war Ferdinand Schörner, damals Oberstleutnant. Im ersten Weltkrieg diente er im gleichen königlichen Infanterie-Leib-Regiment wie Prinz Heinrich.[17]

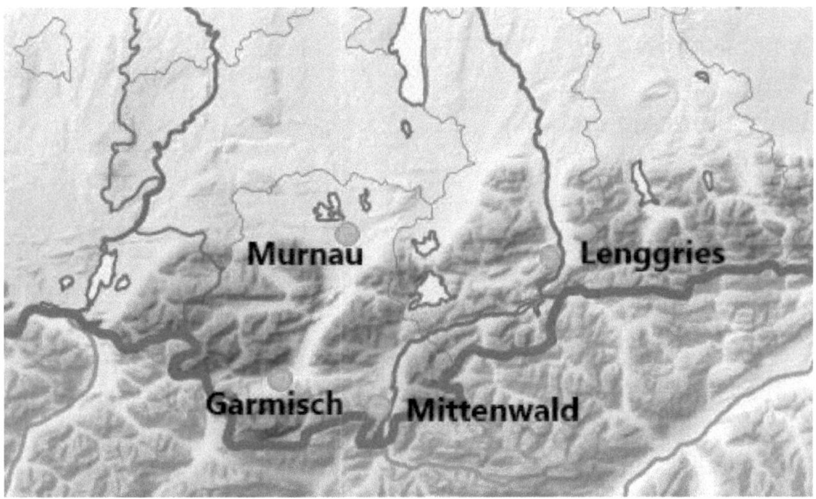

Abbildung 16: Die Standorte des Gebirgsjägerregiments 98 im Jahr 1937/38. Ein Bataillon ist in Garmisch stationiert (I.), eines in Lenggries (II.), das III. zusammen mit der Regimentsführung ist in Mittenwald. In Murnau befindet sich die Artillerie u. a. Grafik: Eigene Darstellung.

[17] Ferdinand Schörner galt als überzeugter Nationalsozialist, machte im Krieg große Karriere und übernahm als Generalfeldmarschall zum Schluss noch den Oberbefehl über das gesamte deutsche Heer.

Das Lenggrieser Bataillon erhielt dazu eine neue Regimentsfahne. Die Truppenfahne ist für Soldaten sehr wichtig, der Einmarsch sehr feierlich. Er erfolgt meist mit „klingendem Spiel", Militärmusik begleitet das Zeremoniell. Symbolisch wird die Fahne von zwei Begleitoffizieren und einem „Ehrenzug" aus 30 bewaffneten Soldaten geschützt. Leider bedeutete die neue Kaserne für die Isartaler Burschen nicht automatisch eine heimatnahe Einberufung zum zweijährigen Wehrdienst, worauf sicher nicht wenige hofften. Ausgang „über Nacht" oder gar Urlaub gab es nur höchst selten.

Abbildung 18: Ankunft der Truppenfahne des II. Bataillons des Gebirgsjägerregiments 98 am Lenggrieser Bahnhof am 19. April 1937. Fahnenträger ist Oberfeldwebel Heinrich Niederberger. Foto: public domain.

Abbildung 17: Einzug der Truppenfahne in die Lenggrieser Kaserne am 20. April 1937, „Führers" Geburtstag. Fahnenträger: Oberfeldwebel Heinrich Niederberger, Fahnenbegleitoffiziere: Leutnant Frey und Leutnant Süßmann mit Ehrensäbel, dahinter, mit Gewehr (Kar98k) geschultert, 30 Mann „Ehrenzug". Foto: public domain.

Der Regimentskommandeur hatte seinen „Stab", also den Kommandobereich, in Mittenwald und ließ die Rekruten gerne in seiner Nähe ausbilden. Nur mit Glück und geeigneter Fürsprache gelang dann zuweilen die Versetzung nach Lenggries.

Abbildung 19: Das II. Bataillon des Gebirgsjägerregiments paradiert am Lenggrieser Rathaus vorbei. Rechts, mit Schirmmütze, militärisch grüßend, der Kommandeur, Oberstleutnant Kress. Links davon, mit Helm, Leutnant Geier. Links dahinter, halb verdeckt, mit silberner Schnur am Schulterstück, Adjutant Leutnant Frey. Links dahinter, mit Mantel und Schirmmütze, der Kreisleiter der NSDAP, Bucherer. Foto: Privat.

Die Nationalsozialisten feierten die neue Kaserne als großen politischen Erfolg. Es gab dazu in der Dorfmitte eine Parade.
Der über sieben Millionen Reichsmark teure Bau hatte die Arbeitslosigkeit im Isarwinkel deutlich verringern können. Tatsächlich war die Kaserne auch weiterhin ein wichtiger Wirtschaftsfaktor. Die ortsansässigen Baufirmen und Handwerker konnten in den Folgejahren noch einzelne Gewerke ausführen und die Familien der Offiziere bedeuteten Kaufkraft im

Ort.[18] Für die länger dienenden Soldaten mit höherem Dienstgrad entstanden in der Kirchsteinstraße zwei Mehrfamilienhäuser.
Die Versorgung der fast 900 Soldaten erfolgte regional, die Kasernenküche war dadurch Großkunde bei Lebensmitteln aller Art. Die vielen Mulis verlangten nach Raufutter, das ebenfalls vor Ort zu beschaffen war. Nicht zuletzt entstanden mindestens 30 feste Arbeitsplätze für Handwerker, Helfer, Reinigungskräfte, Sekretärinnen u.a.

Abbildung 20: Angetreten vor dem Stabsgebäude zur Dienstleistung mit Besen und Eimer: Zivile Mitarbeiter der Prinz-Heinrich-Kaserne in Lenggries. Foto: public domain.

Nur gut zwei Jahre waren den Soldaten zum Üben in der Heimat vergönnt. Bergmärsche, Durchschlageübungen und immer wieder das drillmäßige Üben an den Waffen bestimmten den Alltag. Die am Fuße des Braunecks ebenfalls neu errichtete

---

[18] Siehe dazu: https://www.prinz-heinrich-kaserne.de/PHK/files/text.html (aufgerufen am 23.08.2020)

Standortschießanlage nutzte man fleißig. Dann hieß es am 1. September 1939 für viele überraschend „Abmarschbereitschaft" herstellen. Adolf Hitler hatte mit als Partisanen verkleideten SS-Soldaten den grenznahen deutschen Rundfunksender Gleiwitz überfallen lassen[19] und den Vorfall Polen in die Schuhe geschoben – ein idealer Vorwand, um den Krieg mit den Worten zu erklären:[20]

> *"Polen hat nun heute Nacht zum ersten Mal auf unserem eigenen Territorium auch durch reguläre Soldaten geschossen. Seit 5 Uhr 45 wird jetzt zurückgeschossen! Und von jetzt ab wird Bombe mit Bombe vergolten! Wer mit Gift kämpft, wird mit Giftgas bekämpft."*

Nicht alle „Gebirgler" haben die Heimat wiedergesehen.

Abbildung 21: In der Lenggrieser Kaserne stellt eine Kompanie Gebirgsjäger am 01.09.1939 die Abmarschbereitschaft her. Das meiste Gepäck müssen die Mulis tragen, es gibt nur sehr wenige Lastkraftwagen. Foto: public domain.

---

[19] Siehe dazu: (Baden-Württemberg, 2020) https://www.lpb-bw.de/beginn-zweiter-weltkrieg (aufgerufen am 22.08.2020)

[20] Siehe: https://www.lpb-bw.de/beginn-zweiter-weltkrieg#c22397 (aufgerufen am 22.08.2020)

Abbildung 23: Der Musikzug verabschiedet am 1.9.1939 die Lenggrieser Soldaten am Bahnhof. (Nicht selten wird der militärische Begriff für eine Teileinheit von +/- 50 Soldaten, "Zug", mit dem Eisenbahn-Transportmittel verwechselt.) Foto: Privat.

Die vielen Bahntransporte funktionierten reibungslos, allein das Ziel der Reise war „geheim". So wussten häufig nicht einmal die Ehefrauen, wohin der „Führer" ihre Männer geschickt hatte, nach Polen.

Abbildung 22: Parade der „bespannten" Truppe vor Adolf Hitler beim Einmarsch nach Polen 1939. Nicht einmal ein Viertel der Soldaten war motorisiert unterwegs. Foto: BArch 183-S55-480, Lizenz: CC-BY-SA 3.0 de.

4. Die Prinz-Heinrich-Kaserne im 2. Weltkrieg

Vom Lenggrieser Bahnhof aus fuhren die Sonderzüge nach Osten. Zurück blieb nur eine kleine Nachhut. Als nach drei Wochen die polnischen Soldaten notgedrungen kapitulierten, dachten viele, es ginge wieder in die Heimat. Auf die Frontzulage von einer Mark täglich hätte man gerne verzichtet.

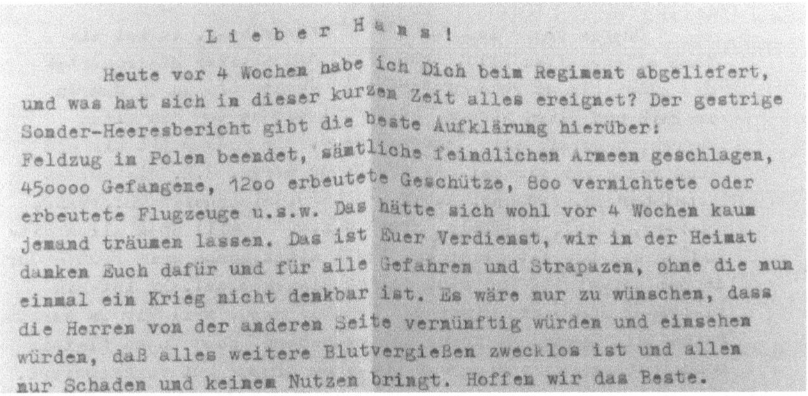

L i e b e r H a n s !

Heute vor 4 Wochen habe ich Dich beim Regiment abgeliefert, und was hat sich in dieser kurzen Zeit alles ereignet? Der gestrige Sonder-Heeresbericht gibt die beste Aufklärung hierüber:
Feldzug in Polen beendet, sämtliche feindlichen Armeen geschlagen, 45oooo Gefangene, 12oo erbeutete Geschütze, 8oo vernichtete oder erbeutete Flugzeuge u.s.w. Das hätte sich wohl vor 4 Wochen kaum jemand träumen lassen. Das ist Euer Verdienst, wir in der Heimat danken Euch dafür und für alle Gefahren und Strapazen, ohne die nun einmal ein Krieg nicht denkbar ist. Es wäre nur zu wünschen, dass die Herren von der anderen Seite vernünftig würden und einsehen würden, daß alles weitere Blutvergießen zwecklos ist und allen nur Schaden und keinen Nutzen bringt. Hoffen wir das Beste.

Abbildung 24: Am 24.09.1939 verfasster Original-Brief eines besorgten Vaters an seinen Sohn Hans, Wehrmachtssoldat an der Front. Foto: © Stadtarchiv Weilheim.

Stattdessen mussten die Lenggrieser Soldaten über den Winter in die Gegend von Bonn am Rhein. Es waren erholsame Wochen in Privatquartieren, manchmal gab es Besuch aus der Heimat. Bis dann im Frühjahr, am 9. Mai 1940, der Krieg für die Gebirgsjäger in Frankreich seine Fortsetzung fand. Das Oberkommando der Wehrmacht begann deshalb, die leerstehenden Kasernen neu aufzufüllen; nach Lenggries kam das Grenadier-Ersatz-(und Ausbildungs-)Bataillon 217. Die große Liegenschaft nutzte auch die Veterinärkompanie der „Spielhahnjäger-Division".[21]

[21] Details zur 97. leichten Infanteriedivision, der „Spielhahnjäger" finden sich z. B. hier: https://de.wikipedia.org/wiki/97._J%C3%A4ger-Division_(Wehrmacht) (aufgerufen am 20.08.2020)

Die Nationalsozialisten hatten – bildlich gesprochen – auf dem Weg ins Verderben links und rechts „Blumen" gepflanzt, um abzulenken. Nur die Weitsichtigen erkannten am Horizont den Untergang. „Blumen", das waren z. B. soziale Wohltaten, wie das „Kraft durch Freude" (KdF) Programm, welches den arbeitenden Menschen erstmals einen echten Urlaub ermöglichte.[22] Doch worum es wirklich ging, Rassismus bis hin zur totalen Vernichtung und absolute Kontrolle über die Jugend, erkannten sehr viele wohl zu spät.

Abbildung 25: Der Gendarmerie-Kommandant von Lenggries, Paul Mayer vor dem Reiterdenkmal (Ludwig I.) in der Münchner Ludwigstr. Foto: privat.

Wenige, besonders Mutige, lehnten sich aktiv dagegen auf. In Lenggries war es vor allem der Kommandant der Polizei, Paul Mayer. Er rettete Leben und riskierte dabei immer wieder sein eigenes. Drei Jahre lang, ab 1942, versteckte er eine geflohene jüdische Ärztin unter dem Dach der Gendarmeriestation.[23]

Darüber hinaus schützte er die Dorfbewohner, wo er nur konnte. Beispielsweise eine Metzgersgattin, die in

[22] Siehe dazu: https://de.wikipedia.org/wiki/Kraft_durch_Freude (aufgerufen am 21.08.2020)

[23] Siehe dazu die Reportage von Ulrich Chaussy vom 10.06.2012: https://www.br.de/radio/bayern2/sendungen/land-und-leute/gendarm-paul-mayer-chaussy122.html (aufgerufen am 22.08.2020)

Hörweite ihres Untermieters, eines zwangseinquartierten und wohl hundertprozentigen Hitler-Anhängers, unvorsichtigerweise laut über die Nationalsozialisten schimpfte. Sie bewahrte er im letzten Moment vor dem Überstellen an die „Geheime Staatspolizei" (Gestapo). Das Auto mit ihr war schon auf dem Weg zur Tölzer Dienststelle, als er es mit dem Motorrad einholte und die Umkehr befahl – sie müsse sofort ins Bett. Ein schnell ausgefertigtes Attest des Dorfarztes Dr. Wiest, den er kurzerhand zum Komplizen machte, bestätigte die „Transportunfähigkeit". Den Vorgang ließ er dann gezielt ins Leere laufen.[24] Das war damals ein todeswürdiges Verbrechen.

*

Abbildung 26: Ärmelband der "SS-Junker-Schule" in Bad Tölz. US National Archives (NARA), still picture aus ADC-111-3635, public domain.

Dabei ist zu bedenken, dass die gefährlichste Institution der Nationalsozialisten, die „Schutz-Staffel (SS)" im Isarwinkel laufend übte. Im Gegensatz zur Wehrmacht, die sich bei weitem nicht immer aber doch überwiegend an Recht und Gesetz gehalten hat, war die „SS" eine durch und durch verbrecherische Organisation. Und die wichtigste Schule für ihre fanatischen Nachwuchsführungskräfte, die sogenannten

[24] Dazu gibt es übereinstimmende Zeitzeugenberichte, z.B. bei (Wasensteiner, 2018), S. 58. Paul Mayer erhielt 1971 das Bundesverdienstkreuz und ist einer der wenigen „Gerechten unter den Völkern", geehrt in der israelischen Gedenkstätte Yad Vashem.

„Junker" befand sich nur wenige Kilometer von Lenggries entfernt, in Bad Tölz! Klartext sprach einer der ranghöchsten und zugleich grausamsten SS-Führer, Reinhard Heydrich, schon am 20.11.1934:[25]

> „Es kann sein, dass Ihr Befehle erhalten werdet, die Ihr nicht versteht. Ihr müsst bereit sein, auf Vater und Mutter zu schießen. Ihr habt nur die Befehle auszuführen, nicht nach dem Grund zu fragen, denn die Ehre des SS-Mannes ist die Treue."

Um sich von der weniger politischen Wehrmacht abzugrenzen, erfanden Heinrich Himmler und sein Stellvertreter Reinhard Heydrich sogar völlig neue Dienstgrade. Ein Beispiel: Der unterste militärische Vorgesetzte der Gebirgsjäger, ein „Oberjäger", führte eine „Gruppe" von etwa 12 Soldaten. Bei der SS war es absichtlich umgekehrt, der „Gruppenführer" entsprach einem General. Die SS-Führer sahen sich selbst als Elite, als Verkörperung einer

Abbildung 27: Der "Reichsführer SS" Heinrich Himmler, links, und sein Stellvertreter, "SS-Gruppenführer" Reinhard Heydrich. Foto: public domain.

---

[25] Siehe Originaldokumente aus Beständen der russ. Föderation (Föderation, 2020): https://rgaspi-458-9.germandocsinrussia.org/de/nodes/400#page/125/mode/inspect/zoom/8 (aufgerufen am 22.08.2020) Eine Kurzbiografie Reinhard Heydrichs findet sich hier: https://de.wikipedia.org/wiki/Reinhard_Heydrich (aufgerufen am 22.08.2020)

überlegenen deutschen „Rasse". Ihre militärische Ausbildung erhielten sie in der „Junkerschule". Erst kürzlich freigegebene Unterlagen belegen, dass die SS-Lehrgangsteilnehmer immer wieder zu „Kriegsspielen" rund um Bad Tölz und auch im Gemeindebereich von Lenggries unterwegs waren.[26] Es gab während des Krieges zahlreiche Geländebesprechungen der SS und Marschübungen durchs ganze bayerische Oberland. Am

Abbildung 28: Ausbildung am "Sandkasten" in der Tölzer SS-Junkerschule. Das doppelte V am Ärmel des vorne sitzenden Junkers zeigt den Dienstgrad „Rottenführer" (entspricht einem Obergefreiten). Die silberne Doppellitze auf der Schulterklappe weist ihn als „Junker", also als Anwärter auf einen dem Offizier entsprechenden Status aus. Foto: BArch, 111-III-5214-20, Lizenz CC-BY-SA 3.0

---

[26] In diesem erst kürzlich veröffentlichtem 180 Seiten starken Geheft finden sich taktische Ausbildungsunterlagen der SS-Junkerschule Bad Tölz. Die Unterlagen stammen aus russischen Archiven und sind auf dieser Seite zugänglich: https://wwii.germandocsinrussia.org/de/nodes/14370-akte-34-unterlagen-der-ss-junkerschule-t-lz-aufgaben-f-r-den-11-kriegs-junker-lehrgang-und-entsprechende-l-sungsvorschl-ge-marsch-und-unterkunftsskizzen-des-ss-panzergrenadierregiments-germania-im-raum-m-nchen-u-a#page/102/mode/inspect/zoom/4 (aufgerufen am 22.08.2020)

„Sandkasten" bildeten die Lehrgangsteilnehmer das Gelände nach und besprachen mit ihrem Ausbilder das geplante Vorgehen. Der Schwierigkeitsgrad der Aufgaben erreichte dabei nach Einschätzung des Autors in keinem Fall dem einer Offizierschule der Wehrmacht. Absoluter Gehorsam und die bedingungslose Bereitschaft, das eigene Leben für Adolf Hitler zu opfern, hatten die größere Bedeutung. In anspruchsvollen Gefechtssituationen konnten deshalb die SS-Einheiten trotz der besseren Personal- und Material-Ausstattung[27] letztlich weniger erfolgreich als die Wehrmacht wirken. Die antrainierte Opferbereitschaft der meist sehr jungen SS-Männer führte zu hohen Verlusten. Manche von ihnen haben sogar bewusst den Tod auf dem Schlachtfeld gesucht, um dem geliebten „Führer" damit das höchste Opfer zu bringen.

*

Im Laufe des Krieges war in der Lenggrieser Kaserne ein ständiges Kommen und Gehen. Die Ausbildungsdauer der Rekruten verkürzte sich immer mehr, denn an der Front fehlte Ersatz für die vielen Gefallenen und Verwundeten. Die Lenggrieser Soldaten hatten während des Krieges auch manche Sonderaufgaben zu bewältigen. So war am Brauneck z. B. schon 1940 eine SA-Ski-Meisterschaft mit über 300 Teilnehmern auszurichten (1940).[28] Ein anderes Mal galt es, hunderte Kisten des aus München ausgelagerten Parteiarchivs der NSDAP vom

---

[27] Noch am Tage des missglückten Attentats auf Adolf Hitler, am 20.07.1944, übernahm Himmler auf Weisung des „Führers" den Befehl über das „Ersatzheer" und sorgte in dieser Funktion dafür, dass die Einheiten der Waffen-SS bevorzugt Rekruten der Jahrgänge 1926, 1927 und 1928, sowie neueste Waffen zugewiesen bekamen.

[28] Siehe dazu den Bericht im Tölzer Kurier: https://www.prinz-heinrich-kaserne.de/PHK/files/history_4a.html(aufgerufen am 24.08.2020)

LKW ins Hohenburger Schloss zu schleppen.[29] Dazu kamen regelmäßig Hilfsdienste für die Polizei:

Verdunkelung

Anfang: 19.57 **Ende: 6.36**

Lenggries. Festnahme eines Schwerverbrechers. Die Kriminalpolizei München hatte festgestellt, daß sich ein Angehöriger einer Verbrecherbande auf einer Schihütte oder Almhütte in der Umgebung von Lenggries aufhalten soll. Durch einen Beauftragten der Kriminalpolizei und einem ortskundigen Gemeindebeamten wurde der Aufenthaltsort des Verbrechers ermittelt und die Anwesenheit desselben in der vermuteten Schihütte festgestellt. Bei einbrechender Dunkelheit wurde die Schihütte durch die Gendarmerie Lenggries unter Mithilfe der Wehrmacht und Angehörigen des Volkssturms umstellt und der Verbrecher festgenommen. Gefesselt wurde er nach Lenggries verbracht und dann den Gerichtsbehörden übergeben. Der Verhaftete heißt Georg Haller und hat in München seinen Wohnort. In Begleitung des Haller befand sich seine Geliebte.

Abbildung 29: Zeitungsbericht über die Festnahme eines "Schwerverbrechers". Gendarmerie-Kommandant Mayer bekam bei der Suche Unterstützung durch Soldaten. Oben: Um feindlichen Bombern das Zielen zu erschweren war nachts jedes Haus zu verdunkeln. Anfang und Ende der „Dunkelzeit“ stand täglich in der Zeitung. Abdruck aus: Weilheimer Tagblatt vom 29.03.1945, public domain.

---

[29] Ab 1943 lagerte der NS-Archivdirektor Dr. Arnold Brügmann die zahlreichen Fotos, Zeitungsausschnitte und die Parteikorrespondenz nicht mehr in München, sondern in Passau, Neumarkt-St.-Veit und eben im Schloss Hohenburg/Lenggries. Siehe https://www.bundesarchiv.de/findbuecher/rlg_findm/findb/NS26-18356.xml (aufgerufen am 24.08.2020; Hinweis: Seite im Fließtext, etwas nach unten scrollen)

Leider kam es durch den regen Übungs- und Ausbildungsbetrieb außerhalb der Kaserne immer wieder zu tragischen Unfällen:

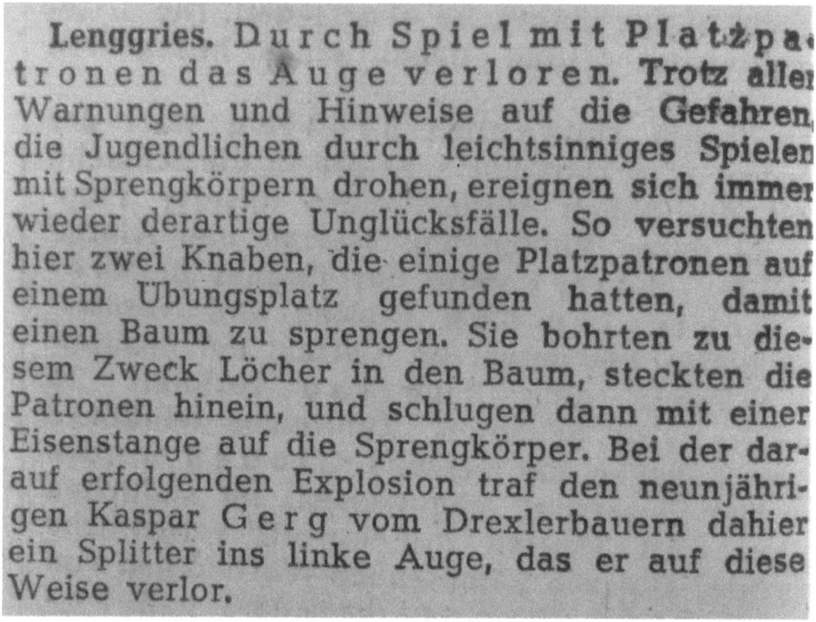

Lenggries. Durch Spiel mit Platzpatronen das Auge verloren. Trotz aller Warnungen und Hinweise **auf die Gefahren,** die Jugendlichen durch leichtsinniges **Spielen** mit Sprengkörpern drohen, ereignen **sich immer** wieder derartige Unglücksfälle. So **versuchten** hier zwei Knaben, die einige Platzpatronen auf einem Übungsplatz gefunden hatten, damit einen Baum zu sprengen. Sie bohrten zu diesem Zweck Löcher in den Baum, steckten die Patronen hinein, und schlugen dann mit einer Eisenstange auf die Sprengkörper. Bei der darauf erfolgenden Explosion traf den neunjährigen Kaspar Gerg vom Drexlerbauern dahier ein Splitter ins linke Auge, das er auf diese Weise verlor.

Abbildung 30: Zeitungsbericht über einen Unglücksfall mit Übungsmunition. Leider auch heute noch hochaktuell; im Isarwinkel werden noch Munitionsreste aus dem zweiten Weltkrieg vermutet. Reproduktion aus: Weilheimer Tagblatt vom 23.03.1945, public domain.

Während der letzten Kriegsmonate im Frühjahr 1945 kam dann noch eine „Inspektion", eine Ausbildungseinheit, in die Kaserne und führte einen Lehrgang für Reserve-Offizier-Bewerber durch. Am 3. Mai 1945, in den Abendstunden, eroberten schließlich US-Soldaten des 141. Infanterie-Regiments zunächst die Kaserne, dann das Dorf Lenggries – gegen verbissen kämpfende Waffen-SS-Soldaten.[30]

---

[30] Zu Details dieser Ereignisse siehe ein weiteres Buch des Verfassers: „Kriegsende im Isarwinkel" (2020).

5. US-Truppen in der Prinz-Heinrich-Kaserne

Die Kaserne fiel den US-Amerikanern Anfang Mai 1945 praktisch unbeschädigt in die Hände. Da sogar die Küche und die Waschräume noch funktionierten, errichteten sie hier kurzerhand einen „Collecting Point“, eine Sammelstelle für Kriegsgefangene „POW“ („Prisoners of War“) und „DP“ („Displaced Peoples“) Zu letzteren zählten Heimatlose, Vertriebene und entlassene Häftlinge. Bei den POW gab es nicht selten Kinder – die Nationalsozialisten hatten auch noch die Geburtsjahrgänge 1928 und 1929 eingezogen – wenn nicht zur Waffen-SS, die hatte den „Erstzugriff“, dann aber wenigstens zum schlecht bewaffneten „Volkssturm“.

Abbildung 31: Einer der damals von US-Soldaten gefangen genommenen minderjährigen "Volkssturm-Männer", Hitlers letztes Aufgebot. Foto: US-National-Archives (NARA) Still picture, 111-ADC-2332, public domain.

Wenige Tage später, am 22. Mai 1945, rollten wieder Panzer durch Lenggries. Das 631. US-Panzerjägerbataillon mit 35 Offizieren und 805 Soldaten bezog jetzt, aus Regensburg kommend, die Kaserne. Diese US-Soldaten hatten bisher keinen

631ST TANK DESTROYER BATTALION (SELF-PROPELLED)

1. In compliance with AR 345-105, as amended, history of this organization for the year 1945 is submitted.

a. Original Unit: No Change

b. Changes in Organization: (1) During this period battalion was reorganized as Self-Propelled Tank Destroyer Battalion, Letter AG 320.2 GNMCC, Third US Army, 22 June 1945, and equipped with 90mm (M-36) Self Propelled Tank Destroyers, under T/O & E, 18-25, 15 March 1944. No change in organization until mass transfers took place as a result of redeployment.

c. Strength, Commissioned and Enlisted:

	OFFICERS	WARRANT OFFICERS	ENLISTED MEN
1 January 1945	30	2	653
1 February 1945	28	2	634
1 March 1945	33	2	638
1 April 1945	32	2	656
1 May 1945	33	2	805
1 June 1945	32	2	803
1 July 1945	35	2	754
1 August 1945	35	2	745
1 September 1945	30	2	706
1 October 1945	24	0	393
1 November 1945	19	0	462
15 December 1945	12	0	697

d. Stations:

PLACE	DATE ARRIVAL	DATE DEPARTURE
Luxembourg City, Luxembourg	28 Dec 44	25 Mar 45
Idar Oberstein, Germany	25 Mar 45	2 Apr 45
Frankfurt, Germany	2 Apr 45	10 Apr 45
Hersfeld, Germany	10 Apr 45	21 Apr 45
Erlangen, Germany	21 Apr 45	2 May 45
Regensburg, Germany	2 May 45	22 May 45
Lenggries, Germany	22 May 45	4 Oct 45
Neu Ulm, Germany	4 Oct 45	5 Oct 45
Metz, France	5 Oct 45	6 Oct 45
Camp Washington, D.C. (AAC) France (Vic Laon, France)	6 Oct 45	23 Nov 45
Calas Staging Area (Vic Marseille, France)	25 Nov 45	3 Dec 45

Abbildung 32: Bericht über die Einsätze des vollmotorisierten (self propelled) 631. US-Panzerjägerbataillons (Tank destroyer) 1944/45. US-National Archives (NARA), public domain.

Feindkontakt, sie waren nur zur Sicherung von Gefechtsständen und als Reserve eingeteilt. Es war also genug Zeit für Freizeitaktivitäten. In der Lenggrieser Prinz-Heinrich-Kaserne

Abbildung 33: US-Soldaten einer "Tank destroyer"-Einheit (Panzerjäger) vor ihrem Fahrzeug, einem M-36 Panzer. Über 40 dieser Panzer waren zunächst in der Lenggrieser Kaserne stationiert. Foto: US-National Archives (NARA), 111-SC-204555, public domain.

gefiel es ihnen offensichtlich sehr gut, wie Zeitzeugen berichten. Allerdings befanden sie sich ständig in Bereitschaft, denn bis in den Sommer hinein versteckten sich versprengte SS-Soldaten in den Bergen ringsum. Erst nach und nach ergaben sie sich.
Nach der bedingungslosen Kapitulation der Deutschen Regierung am 8. Mai 1945 übernahmen die US-Truppen offiziell die Regierungsgewalt ihrer „Zone", die ganz Bayern umfasste. Von

da an bis September 1945 regierte US-General George S. Patton (jun.) als Militärgouverneur. Er beschlagnahmte das repräsentative Haus von Hitlers Pressechef, Max Amann, in Gmund am Tegernsee für sich als Wohnsitz.[31] Sein militärisches Hauptquartier kam in die ehemalige SS-Junkerschule nach Bad Tölz. Die bestens ausgestatte SS-Kaserne mit über 900 Räumen, Werkstätten, Schwimmbad und Sportplätzen benannte er nach einem seiner im Kampf gefallenen Kameraden – fortan hieß sie „Flint-Kaserne".

Abbildung 34: Im Vordergrund die ehemalige SS-Junker-Schule, jetzt Flint-Kaserne, in Bad Tölz. Die Aufnahme entstand 1945, US National Archives (NARA) 699-5916, public domain.

[31] General Patton distanzierte sich nicht eindeutig vom Nationalsozialismus und musste deshalb bereits im September 1945 seinen Posten räumen. Er starb kurz darauf auf tragische Weise bei einem Verkehrsunfall in Mannheim. Siehe dazu: https://de.wikipedia.org/wiki/George_S._Patton (aufgerufen am 29.08.2020)

Bayerns „Hauptstadt“ lag für einige Monate also etwas weiter isaraufwärts:

Abbildung 35: Offizielle Karte der US-Militärverwaltung 1945. Die wichtigsten bayerischen Städte sind eingetragen, das größte Symbol, ein Stern, markiert die "Hauptstadt" des „östlichen Militärbezirks“ (Eastern Military District), Bad Tölz. Die Hauptstadt des „westlichen Militärbezirks“ befand sich in Heidelberg. Reproduktion aus US-National Archives (NARA), 699-5916, public domain.

Das führte natürlich dazu, dass in der Nähe der Hauptquartiers Fahrzeugkontrollen besonders häufig stattfanden. Die Nutzung eines motorisierten Fortbewegungsmittels war nur mit Erlaubnis der Militärbehörden gestattet. Im Isarwinkel irrten im Sommer

1945 immer noch viele Heimatlose und untergetauchte Soldaten umher. Waffen und Munition lagen an vielen Stellen noch ungesichert im Gelände, man befürchtete Anschläge von fanatischen Hitler-Verehrern. Die Vorsicht der US-Soldaten hatte ihre Gründe.

Abbildung 36: Ein US-Sergeant kontrolliert die Papiere eines einheimischen Moped-Fahrers. Rund um Lenggries im Jahr 1945 an der Tagesordnung; auch US-Soldaten aus der Prinz-Heinrich-Kaserne werden dazu abkommandiert. Foto: US-National Archives (NARA), still picture aus 111-adc-6557, public domain.

Die US-Militärverwaltung verlangte deshalb, in den nächsten Wochen und Monaten für jeden Einwohner eine „Kennkarte"[32] zu erstellen. Das bedeutete viel Arbeit für die Gemeindebehörden und gleichzeitig eine gute Gelegenheit, gemeinsam mit den US-Verantwortlichen langsam eine Nachkriegsordnung aufzubauen.

---

[32] Die Bezeichnung „Kennkarte" für den amtlichen Lichtbildausweis ist der älteren Leserschaft sicher noch geläufig.

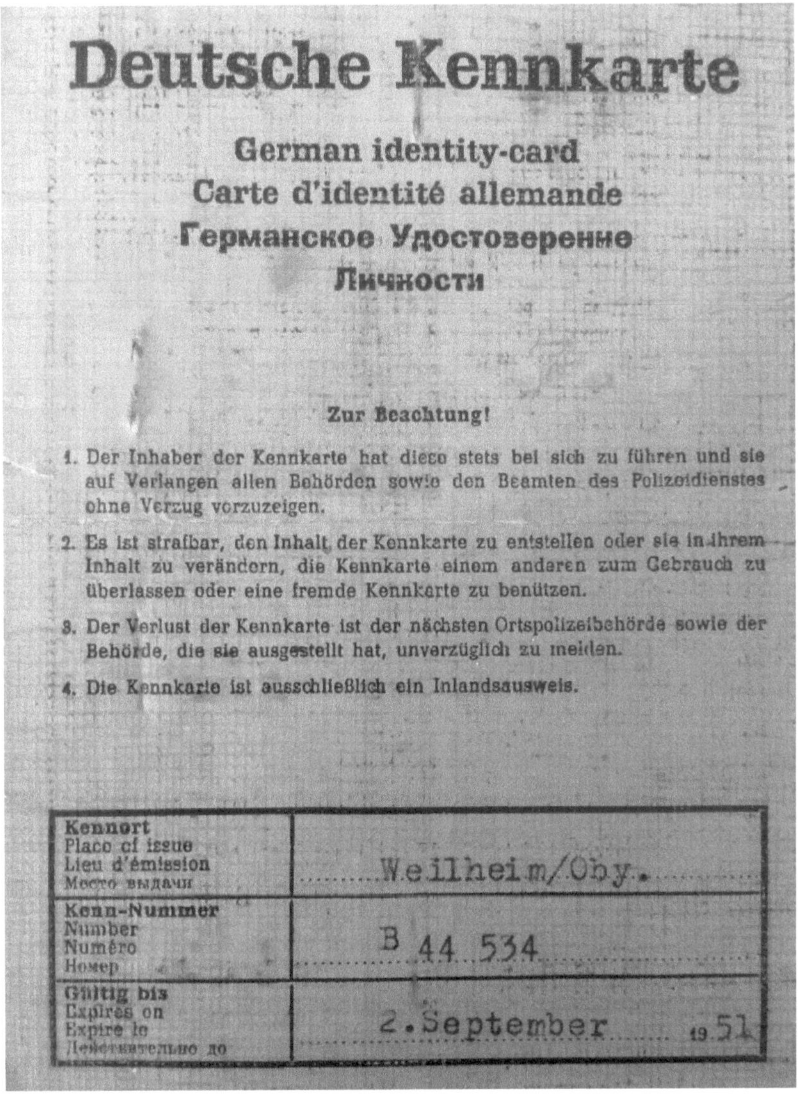

Deutsche Kennkarte

German identity-card
Carte d'identité allemande
Германское Удостоверение Личности

Zur Beachtung!

1. Der Inhaber der Kennkarte hat diese stets bei sich zu führen und sie auf Verlangen allen Behörden sowie den Beamten des Polizeidienstes ohne Verzug vorzuzeigen.
2. Es ist strafbar, den Inhalt der Kennkarte zu entstellen oder sie in ihrem Inhalt zu verändern, die Kennkarte einem anderen zum Gebrauch zu überlassen oder eine fremde Kennkarte zu benützen.
3. Der Verlust der Kennkarte ist der nächsten Ortspolizeibehörde sowie der Behörde, die sie ausgestellt hat, unverzüglich zu melden.
4. Die Kennkarte ist ausschließlich ein Inlandsausweis.

Kennort Place of issue Lieu d'émission Место выдачи	Weilheim/Obb.
Kenn-Nummer Number Numéro Номер	B 44 534
Gültig bis Expires on Expire le Действительно до	2. September 19 51

Abbildung 37: Erste Seite einer deutschen "Kennkarte" aus dem Jahr 1946, üblicherweise fünf Jahre gültig. Auf der zweiten Seite stehen die persönlichen Daten; für Erwachsene ist ein "Lichtbild" vorgeschrieben. Foto: © Stadtarchiv Weilheim.

Nach einer kurzen Zwischenverwendung als Stützpunkt für die 80. US-Infanteriedivision, bezog dann Anfang 1946 das erste Bataillon des 18. US-Infanterie-Regiments mit vier Kompanien für mehrere Jahre die Kaserne.[33] Im Gegensatz zum deutschen Gebirgsjägerbataillon hatten die US-Soldaten keine Tragtiere aber viele Fahrzeuge und auch eine höhere Personalstärke:[34]

The strength of the Regiment and subordinate units at the close of this period were as follows:

Unit	Officers	WO's	Enlisted Men
First Battalion	38		945
Second Battalion	39		847
Third Battalion	39		884
Headquarters Company	25	1	261
Service Company	10	1	199
Medical Company	5		150
Heavy Mortar Company	6		168
Heavy Tank Company	7		139
TOTAL	168	2	3593

Abbildung 38: Die Personalstärke des 18. US-Infanterie-Regiments 1948. In der US-Methodik zählen die Unteroffiziere genauso wie die Mannschaften zu den „Enlisted Men". Nur die Offiziere („Commanders") und Fachoffiziere („Warrant Officers – im Dienstgrad zwischen Leutnant und den Feldwebeln) werden extra aufgeführt. Das erste Bataillon hatte die meisten Soldaten. Foto: US National Archives (NARA), public domain.

Der Platzmangel verstärkte sich, als im IV. Quartal 1948 auch noch eine Logistik-Kompanie mit Material-Vorräten ins Areal zog. Die nicht mehr benötigten Muli-Ställe baute man deshalb zu Büros und Lagerräumen um, was mancher Soldat zu Scherzen

[33] Siehe dazu die Dokumente der übergeordneten 1. US-Infanteriedivision, deren Kommandeur, Major General Frank Milburn, übrigens im Mai 1945 für die Eroberung des Isarwinkels die Verantwortung trug.
https://firstdivisionmuseum.nmtvault.com/jsp/viewer.jsp?doc_id=iwfd0000%2F20150825%2F00000035&page_name=88 (aufgerufen am 29.08.2020)

[34] Siehe dazu die detaillierten Unterlagen der US Army:
https://firstdivisionmuseum.nmtvault.com/jsp/viewer.jsp?doc_id=iwfd0000%2F20141124%2F00000038&page_name=676 (aufgerufen am 29.08.2020)

nutzte: „Mein Büro ist ein Stall", „Vor mir war hier auch ein Esel untergebracht"...

QUARTERLY REPORT OF OPERATIONS
QUARTERMASTER FIRST US INFANTRY DIVISION
1 October 1948 to 31 December 1948

1. At the beginning of the period the Quartermaster of the 1st US Infantry Division had the 1st Quartermaster Company, the organic quartermaster company of the Division, and the 511th Quartermaster Service Company, a unit attached to the Division.

a. The Office of the Division Quartermaster was located at Bad Tolz, Germany. The 1st Quartermaster Company was located at Lenggries, Germany and the 511th Quartermaster Service Company at Darmstadt, Germany.

Abbildung 39: Vierteljährlicher Bericht der „Quartiermeister"-Abteilung der 1. US-Infanteriedivision (IV/1948). Die Versorgungskompanie ist in Lenggries stationiert (Zweiter Absatz: „...was located at Lenggries,..."). Foto: 1st Division Museum, Cantigny Park, Illinois, USA, public domain.

Nach dem Abzug der Infanterie Anfang der 1950er Jahre gewann die Logistik, die Versorgung der US-Truppenteile, in Europa immer größere Bedeutung. In der Lenggrieser Kaserne siedelten die US-Verantwortlichen im Januar 1951 die Europäische Schule für „Quartermaster" an. Spezialisten aus den Bereichen Nachschub, Versorgung und Verpflegung bekamen dort ihre Ausbildung. Dabei führte die „EUCOM Quartermaster School" oft bis zu zwanzig Lehrgänge für Offiziere, Feldwebel und Mannschaften gleichzeitig durch. Sogar einen Kurs für militärische Hundeführer gab es. Einer der Ausbilder war der später weltberühmt gewordene Corporal Frank

Abbildung 40: Zwei "Master-Sergeants" (Stabsfeldwebel) erklären am Modell die Funktionsweise einer mobilen Feldküche. Foto: US-Army, public domain.

McCourt.[35] Durch eine Umorganisation im Jahr 1957 änderte sich der Name in „USAREUR Quartermaster School". Das Oberkommando für alle US-Militärschulen in Deutschland lag damals in Oberammergau – heute ist dort eine NATO-Schule.

Abbildung 41: Vor dem Stabsgebäude parkten jetzt US-Autos. Der Zwiebelturm mit Uhr und die breiten Schornsteine sind noch vorhanden. Im Bild links ein Chrysler Plymouth, vermutlich aus dem Jahr 1951. Foto: NATO-School Oberammergau, public domain.

„Streng geheim" befanden sich ab Juni 1953 noch weitere US-Einheiten in der Kaserne. Die „Elite der Elite", die sogenannten „green berets" hatten ihre Kompanien A, B und C sowie ihre einzigen zwei einsatzfähigen „Teams" in Lenggries stationiert.[36] In Europa gab es in den fünfziger Jahren keine weiteren „Special Forces Teams". Diese Soldaten waren bestens ausgebildet, körperlich und geistig in Hochform, zugleich Fallschirmspringer,

[35] Der Schriftsteller und Pulitzer-Preis-Träger verbrachte drei Jahre in Lenggries. Siehe dazu: https://de.wikipedia.org/wiki/Frank_McCourt (aufgerufen am 29.08.2020)

[36] Siehe dazu die jetzt zugänglichen Informationen: (aufgerufen am 10.10.2020) http://tadahling.tripod.com/memoriesofaspecialforcessoldier/id4.html

Einzelkämpfer, Scharfschützen, Taucher, Sprengstoffexperten und Sanitäter. Sie konnten auch verdeckt, das heißt in Zivilkleidung operieren. Im Raum Lenggries waren sie deshalb oft nicht als Soldaten zu erkennen. Das Hauptquartier dieser Einheiten hatte in der großen Flint-Kaserne, in Bad Tölz, seinen Sitz.[37] Dort fand ein Teil der Schulungen im Hörsaal statt. Sogar ein Schild wies auf diesen Standort hin.

Abbildung 42: Der Eingang zur Flint-Kaserne in Bad Tölz. Links das Schild der "10th Special Forces Group Airborne", die Spezialeinheit der US-Army. Foto: US National Archives (NARA), still picture aus 111-LC-49790, public domain.

Viele der befreiten Kriegsgefangenen russischer und ukrainischer Nationalität verzichteten auf die Rückkehr in den Machtbereich des sowjetischen Diktators Josef Stalin, denn es drohte „Sibirien" oder gar der Tod für die vermeintlichen Verräter. Manch einer

---

[37] Als Anlass für die Stationierung im bayerischen Bad Tölz gilt der Volksaufstand in der DDR am 17. Juni 1953. Die US-Verantwortlichen rechneten mit kurzfristig erforderlichen Spezialeinsätzen im „Ostblock". Siehe dazu: https://de.wikipedia.org/wiki/1st_Special_Forces_Command_(Airborne) (aufgerufen am 08.10.2020)

wechselte da zu den US-Truppen, die besten zu den Special-Forces, wegen der Sprachkenntnisse dort hochwillkommen.

Abbildung 43: Antreten der Special Forces-Kompanien A und B in der Prinz-Heinrich-Kaserne. Foto: US National Archives (NARA), still picture aus 111-LC-49790, public domain

Die US-Streitkräfte in Europa wurden des Umorganisierens nicht müde. Schon einige Jahre später stand die Verschmelzung der Quartermaster School aus der Prinz-Heinrich-Kaserne mit einer Verwaltungs- und Fernmeldeschule an. Ein Teil der Lenggrieser Schule zog deshalb nach Murnau in die „Kimbro-Kaserne" (Kemmel-Kaserne). Als dann auch noch die „Special Forces" mehr im Vietnam-Krieg gebraucht wurden, kam schließlich im Jahr 1970 das von allen Beteiligten betrauerte Ende des US-Standortes Lenggries. Die US-Amerikaner mussten die Liegenschaft verlassen, die Special Forces Einheiten kehrten in die USA zurück. Nachfolgerin war die deutsche Bundeswehr.

Abbildung 44: Wahlspruch der "green berets". Frei übersetzt: „Freiheit den Unterdrückten." US National Archives (NARA), public domain.

6. Die Nutzung durch die Bundeswehr

Der Umbau und die Modernisierung der Kaserne Anfang der 1970er Jahre dauerte länger als der Neubau 1935/36. Die US-Truppen setzten Schädlingsbekämpfungsmittel sehr großzügig ein. Vor allem das giftige „DDT"[38] sah man ab 1970 in Deutschland kritisch. Hunderte Quadratmeter Putz mussten, weil damit belastet, aus den Unterkünften mühsam entfernt werden. Außerdem stand eine umfassende Sanierung der Heizanlage an, die neu eingebaute benötigte auch einen höheren Kamin. Der Denkmalschutz scheint damals nicht so wichtig gewesen zu sein; der neue Schornstein verstellte den Blick auf das Stabsgebäude:

Abbildung 45: Stabsgebäude der Prinz-Heinrich-Kaserne nach dem Umbau für die Bundeswehr. Die alten Schornsteine und der Zwiebelturm auf dem Dach wurden entfernt, der neue Kamin verdeckt die Fassade. Vgl. Abb. 38. Foto: © Autor.

---

[38] Dichlordiphenyltrichlorethan, abgekürzt DDT, setzte die US-Army in Europa häufig als hochwirksames Insektizid ein; es wirkt hormonell auf Säugetiere und löst beim Menschen Krebs aus. Deutsche Behörden verboten den Einsatz. Zu Details siehe: https://de.wikipedia.org/wiki/Dichlordiphenyltrichlorethan (aufgerufen am 07.10.2020)

So bekam das Flugabwehrraketenbataillon 33 am 10. Oktober 1973 aus der Hand des Kommandeurs des „Wehrbereichs" VI (Bayern) den Schlüssel zu einer der modernsten Liegenschaften Bayerns überreicht.

In Lenggries hofften die Bürger lange Zeit auf Gebirgsjäger. Es ist zu vermuten, dass vor allem die vielen Dienstposten für Wehrpflichtige solche Einheiten attraktiv wirken ließen. Immerhin mussten in den siebziger Jahren jedes Jahr rund 200.000 junge Männer ihren 18-monatigen (ab 1973 15-monatigen) Wehrdienst ableisten.[39] Erfolgte die Stationierung nahe der Heimat, konnte der begehrte Status „Heimschläfer" erreicht werden, was nächtlichen Ausgang bis zum Wecken bedeutete. Deshalb war die Enttäuschung über Luftwaffeneinheiten wohl bei manchem sehr groß, denn diese benötigten vor allem länger dienende Zeitsoldaten. Tatsächlich gab es dann im Lenggrieser Flugabwehrbataillon wenig Planstellen für Wehrpflichtige, dafür umso mehr für länger dienende, hochqualifizierte Spezialisten.

Abbildung 46: Charles de Gaulle, französischer General, von 1959 bis 1969 Präsident der Französischen Republik. Foto: public domain

Das FlaRakBtl 33 (so die Schreibweise der abkürzungsverliebten Bundeswehr) hatte vorher seinen Standort in Lindau am Bodensee. Die Ursache für den Standortwechsel ist letztlich in der Entscheidung der französischen Regierung unter Charles de Gaulle zu suchen, das Militärbündnis NATO zu verlassen. Einheiten des bis 1966 in Murnau und Dachau stationierten 402. Regiments zur Flugabwehr mussten

[39] Vgl. dazu: https://de.wikipedia.org/wiki/Wehrpflicht_in_Deutschland#Bundesrepublik_Deutschland (aufgerufen am 07.10.2020)

zurück nach Frankreich; dadurch entstand eine empfindliche Lücke in der als Nord-Süd-„Gürtel“ konzipierten Luftverteidigung.

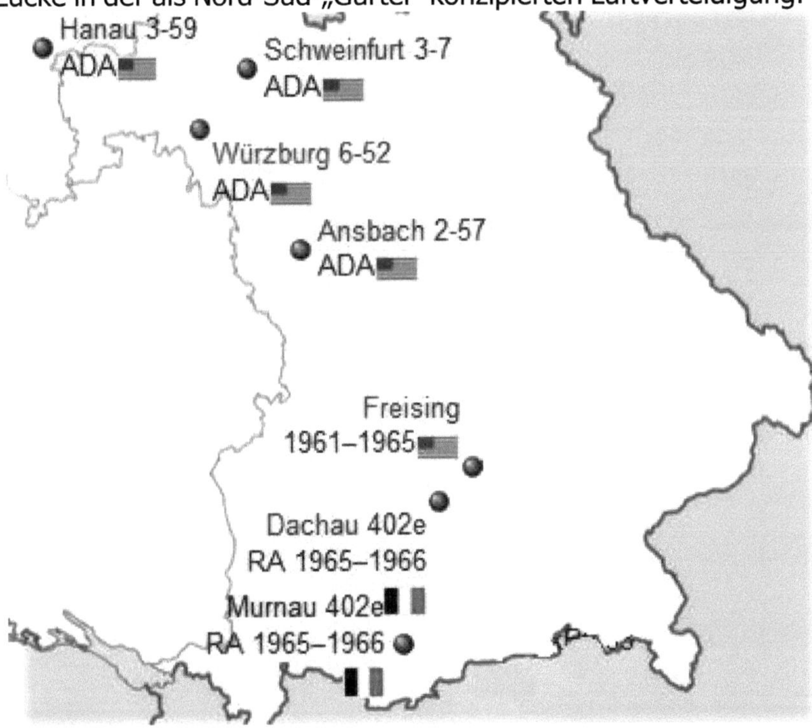

Abbildung 47: Standorte der Flugabwehr-Raketen-Kräfte Mitte der 60er Jahre. Den Süden Bayerns sichern französische Einheiten der 402. Raketen-Artillerie (RA), den Norden US-Kräfte (Air Defense Artillerie – ADA). Eigene Darstellung.

Damit kam es zu einer größeren Umgliederung der NATO-Kräfte. Die damals noch junge Bundeswehr erhielt moderne Waffensysteme und mehr Verantwortung in der gemeinsamen Verteidigung Mitteleuropas. Vor allem die Flugabwehr war dringend modernisierungsbedürftig. Mit den Flugabwehrkanonen aus dem zweiten Weltkrieg konnten tief fliegende feindliche „Düsenjäger“ nicht mehr wirksam bekämpft werden, sie flogen einfach zu schnell. Abhilfe versprach ein Raketensystem des US-amerikanischen Herstellers Raytheon mit dem Namen „HAWK“

(<u>H</u>oming <u>A</u>ll the <u>W</u>ay <u>K</u>iller). Mit doppelter Schallgeschwindigkeit und 25 km Reichweite stellte es Kanonensysteme ins Abseits.

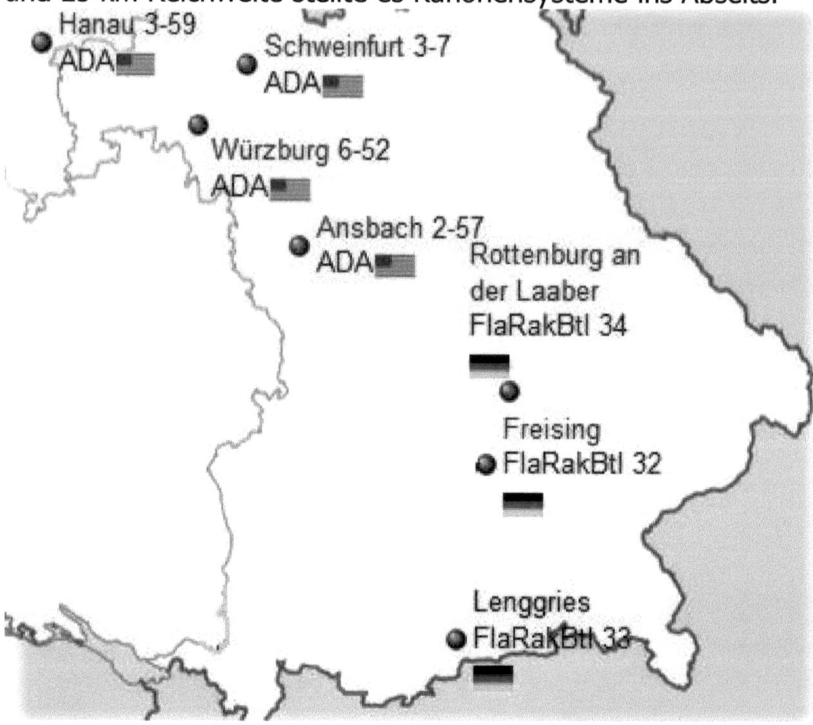

Abbildung 48: Standorte der Flugabwehr-Raketen-Kräfte in den 70er Jahren. Bundeswehr-Einheiten sichern den Süden Deutschlands. Dabei ist Lenggries mit dem Flugabwehrraketenbataillon (FlaRakBtl 33) ein besonderer Standort – hier überlappen sich die Beobachtungsbereiche nur im Norden. Eigene Darstellung.

Es herrschte „Kalter Krieg", die Strategie hieß „Gleichgewicht des Schreckens". Der Gegner sollte durch Abschreckung von einem Angriff abgehalten werden. Wenn angreifende Bomber und Jagdflugzeug-Verbände mit sehr hohen Verlusten rechnen müssten, würden sie so eine Attacke nicht riskieren, meinte damals die Generalität. Ganz sicher waren sie sich wohl nicht, denn zusätzlich stand auch die Drohung mit dem Einsatz von Atomwaffen im Raum. Das Waffensystem HAWK kann keine

Atomsprengköpfe tragen; in Lenggries lagerten deshalb auch keine Massenvernichtungswaffen.

Das Waffensystem HAWK sollte dabei vor allem tief fliegende feindliche Flugzeuge bekämpfen, konnte aber auch in mittleren Flughöhen erfolgreich wirken; den Bereich nannte man „Untere FlaRak-Zone". Die weiter von der Grenze entfernt stationierten NIKE-Einheiten schützten die „Obere FlaRak-Zone".

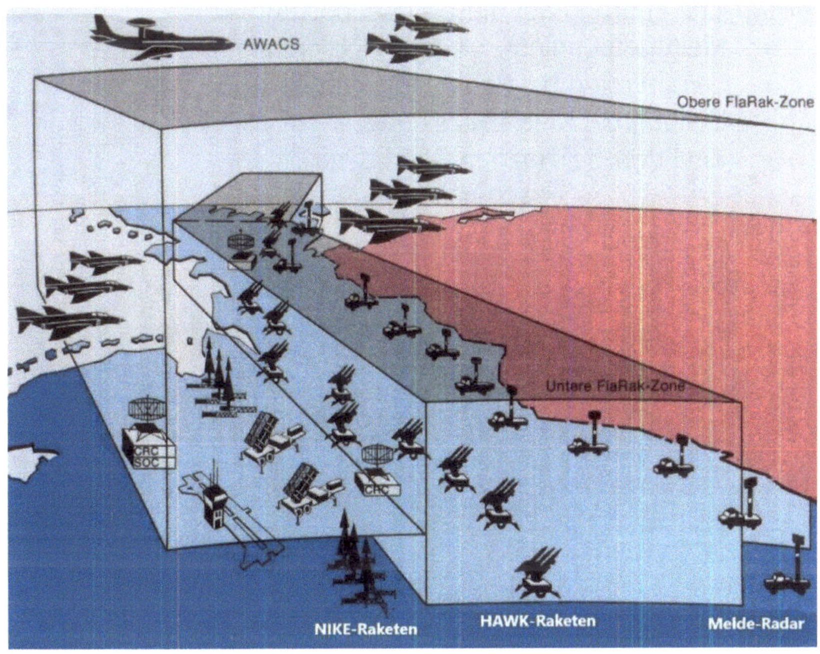

Abbildung 49: Die Luftverteidigung der NATO in der Bundesrepublik während der 70er und 80er Jahre. NIKE-Raketen können auch Atomsprengköpfe tragen, HAWK-Raketen nicht. Grafik: Weißbuch der Bundeswehr 1985, S. 207, eigene Bearbeitung.

Da zwischen der Landesgrenze im Osten und den Stellungen der HAWK-Einheiten nur wenige Flugminuten lagen, musste die Raketenabwehr im Ernstfall sehr schnell reagieren. Deshalb sollten die festen Stellungen der einzelnen HAWK-Batterien möglichst freie Rundumsicht haben, um frühzeitig anfliegende

Objekte erkennen zu können. Nur bestens ausgebildete Soldaten waren in der Lage, rasch die Feuerbereitschaft herzustellen. Zusätzlich galt für die Melde-Radar-Anlagen und einzelne HAWK-Einheiten ein 24-Stunden-Schichtbetrieb.

Im engen Isartal, in der Prinz-Heinrich-Kaserne, gab es keine brauchbaren Feuerstellungen für die Raketen; diese mussten ins offene Gelände. Nach einigem Hin und Her einigte sich die militärische Führung auf diese Außenposten:

- Kleinhartpenning zwischen Holzkirchen und Sachsenkam
- Lampferding bei Bad Aibling
- Deining bei Dietramszell und
- Kirchdorf bei Haag in Oberbayern.

Abbildung 50: Die HAWK-Stellung in Lampferding bei Bad Aibling, in der Mitte das Unterkunftsgebäude für die in Schichten arbeitenden Soldaten. Am oberen Bildrand, an der Straße, eine der insgesamt fünf Radarstellungen. Unten, durch Betonwände geschützt, Raketenlagerplätze. Der Transport ins 60 km entfernte Lenggries erfolgte auch per Hubschrauber. Foto: Lampferding, public domain.

Die Ausbildung der Raketen-Bedienmannschaften erfolgte in den USA. Dort gründete die Bundeswehr auf dem Gelände der US-Army in Fort Bliss/El Paso (Texas) eine eigene „Raketenschule der Luftwaffe" (RakSLw). Je nach Fachrichtung dauerten die Lehrgänge Wochen bis Monate. Angesichts der realen Bedrohung im „kalten Krieg" spielten Kosten kaum eine Rolle. Bei längeren Aufenthalten durften die Soldaten sogar ihre Familien und Teile des Hausstandes unentgeltlich mitnehmen. Die finanzielle Besserstellung durch die erhöhte Auslandsbesoldung und das „Abenteuer USA" stellte natürlich einen gewissen Reiz dar, sich für vier, acht oder gar zwölf Jahre als Zeitsoldat zu verpflichten.[40] Wöchentliche Tests überprüften die erworbenen Fachkenntnisse, immer wieder mussten die Zeitsoldaten ihr Können unter Beweis

Abbildung 51: Eine startende HAWK-Flugabwehrrakete auf dem Übungsgelände "McGregor Range" in Texas, USA. Die Rakete beschleunigt in fünf Sekunden auf doppelte Schallgeschwindigkeit. Foto: US National Archives, NARA, public domain.

---

[40] Eine ausführliche Beschreibung der FlaRak-Ausbildung in den USA findet sich z. B. hier ab Seite 197: https://cdn.website-editor.net/c524344e386246dab9eebd3c3f00c9a9/files/uploaded/Chronik%252050%2520Jahre%2520FlaRakG%25201.pdf (aufgerufen am 09.10.2020)

stellen. Das Übungsgelände war groß genug, um mit echten HAWK-Raketen auf Zielattrappen zu feuern.
Zum Üben „im scharfen Schuss" flogen die Lenggrieser FlaRak-Soldaten regelmäßig nach Kreta. Dort gab es einen speziellen Übungsplatz mit genügend großem Sicherheitsbereich. Der gut siebenstündige Flug dorthin in einer dröhnenden Militärmaschine vom Typ Transall C 160 war anstrengend.[41] Dafür entschädigte die großartige Landschaft und das nicht selten hervorragende Abschneiden bei den dortigen Übungen.
Mit der Zeit konnten die Soldaten immer engere Verbindungen zur Lenggrieser Bevölkerung knüpfen, einige sind im Standesamt dokumentiert. Im Jahr 1975 durfte sogar eine Musikgruppe aus dem Dorf mit einer Bundeswehrmaschine (Boeing) mit nach El Paso/Texas fliegen, sie sorgte dort für Oktoberfest-Stimmung.[42]

Abbildung 52: Ausflug der Lenggrieser Musikgruppe nach Fort Bliss/Texas 1975 auf Einladung durch das FlaRakBtl 33. Erinnerungsfoto © Privat

---

[41] Der tatsächlich immer noch im Einsatz befindliche langsame Militärtransporter vom Typ Transall C 160 verfügt im nicht isolierten, sehr lauten Laderaum nur über Notsitze aus Stoffgewebe. Vorne, an der Heizung, ist es zu heiß, hinten zu kalt.

[42] Siehe dazu: https://www.prinz-heinrich-kaserne.de/PHK/files/history9.html (aufgerufen am 09.10.2020)

Radaranlagen des Waffensystems HAWK arbeiten mit einer sehr hohen Sendeleistung. Die dazu gehörenden Stromaggregate

Abbildung 53: Das HAWK-„Such"-Radar (PAR Pulse Acquisition Radar) auf Einachs-Anhänger. Die Gitterantenne schafft 20 Umdrehungen pro Minute, dabei sucht der hochenergetische Radarstrahl den Luftraum ab. Foto: US-Army, public domain.

liefern Hochspannung (56.600 Volt, 400 Herz, 450 Kilowatt). Dabei entstand, damals technisch unvermeidbar, quasi nebenbei schädliche Röntgenstrahlung. Geriet ein Soldat in den Radarstrahl, z. B. bei Wartungsarbeiten, war seine Gesundheit zusätzlich in Gefahr. Die hochenergetische „Radar-Strahlung" wirkt erbgutverändernd und krebserzeugend. Deshalb sind auch Wartungstechniker besonders betroffen. Bei der Einführung des Systems erkannten Experten diese Problematik grundsätzlich, erfassten sie aber wohl nicht vollumfänglich. Umstritten ist, ob schon ein kurzer Aufenthalt im Radarstrahl Schäden verursacht.[43]

Abbildung 54: Ein "Zielverfolgungsradar" (HPIR High Power Illuminator Doppler Radar) fixiert sich auf ein zugewiesenes Flugobjekt und erfasst die Flugdaten. Um zwei Ziele gleichzeitig mit HAWK-Raketen bekämpfen zu können, gab es das HPIR doppelt in der Stellung. Darüber hinaus sind weitere Radarsysteme vorhanden, z. B. zur Entfernungsmessung und Freund-Feind-Unterscheidung, vorhanden. Foto: US-Army, public domain.

Eine „Batterie"[44] verfügte normalerweise über sechs Startgeräte zu je drei Raketen. Dabei musste eine der Raketen das Ziel gar nicht direkt treffen. Wenn der 54 kg schwere Sprengkopf in der Nähe explodierte, erzeugte er etwa 4.000 rund 8 Gramm schwere

---

[43] Nicht wenige Tumorerkrankungen bei Radar-Soldaten wurden inzwischen von der Bundeswehr als „Wehrdienstbeschädigung" anerkannt. Siehe dazu: https://de.wikipedia.org/wiki/Gesundheitssch%C3%A4den_durch_milit%C3%A4rische_Radaranlagen (aufgerufen am 10.10.2020)

[44] Entspricht einer Kompanie im Heer

Splitter. Schon einer davon könnte einen hochempfindlichen modernen Jagdbomber schwer beschädigen.[45] Eine Mitte der 70er Jahre erfolgte Kampfwertsteigerung vergrößerte die Rakete etwas, es entstanden jetzt aus einem 75-kg-Spengkopf sogar 16.000 Splitter.

Abbildung 55: Drei der gut fünf Meter langen, gut 630 kg schweren HAWK-Raketen mit einem geländegängigen „Ladegerät" (loader). Foto: Darkone, CC-BY-SA 2.5

Mit der Zeit erkannten die Verantwortlichen einige Nachteile des Systems. Das Zielverfolgungsradar „leuchtet" das feindliche Flugzeug mit seinem Radarstrahl dauernd an, um die Rakete zu führen; das erkennen moderne Flugzeuge. Was ist, wenn sich der Pilot wehrt? Er könnte „Haken" in der Luft schlagen, die mit doppelter Schallgeschwindigkeit anfliegende Rakete würde sich nicht schnell genug an den Kurs anpassen können und ginge fehl. Außerdem hatten die moderneren Militär-Jets Radarstör- oder

---

[45] Weitere technische Details sind der englischsprachigen Wiki-Seite zu entnehmen: https://en.wikipedia.org/wiki/MIM-23_Hawk (aufgerufen am 10.10.2020)

Radartäuschsysteme zur Verfügung. Der auf eine präzise Zielführung angewiesene HAWK-Flugkörper ginge ins Leere. Eine tödliche Gefahr für die Flugabwehrsoldaten stellen „Fire and Forget" Raketen mit selbstständig arbeitendem Radar-Such-Zielkopf dar. Feuert ein Kampfpilot diese ab, könnte sie gewissermaßen auf dem Radarstrahl des HAWK-Systems selbstständig ins Ziel am Boden „reiten". Keine einfach zu lösenden Problemstellungen. Vor allem US-Firmen arbeiteten an einem verbesserten Nachfolgesystem mit dem Namen PATRIOT. Als es Mitte der 80er Jahre in die Bundeswehr kam, hatte der Hersteller auf diese Fragen auch noch keine überzeugende Antwort gefunden.[46] Trotzdem hätte die Einführung des neuen Systems für die Soldaten der Prinz-Heinrich-Kaserne eine große Umstellung bedeutet. Das voll mobile PATRIOT benötigt keine festen Stellungen, die Außenposten im Alpenvorland wären damit überflüssig.

Abbildung 56: Eine startende Rakete des Flugabwehrsystems PATRIOT. Foto: US Army, public domain.

---

[46] Siehe dazu den kritischen Bericht in der Zeitschrift „Spiegel" (Nr. 9/1984), der Schwächen beschreibt, die damals eigentlich geheim gehalten werden sollten: https://magazin.spiegel.de/EpubDelivery/spiegel/pdf/13509808 (aufgerufen am 10.10.2020)

In Lenggries wusste man sich gegenseitig sehr zu schätzen. Die Gemeinde erkannte den wirtschaftlichen Wert der Kaserne und begrüßte auch die vielen zivilen Arbeitsplätze.[47] Die Soldaten fühlten sich willkommen und waren sehr gerne hier stationiert. Immer wieder gab es gemeinsame Veranstaltungen und Unternehmungen. Die gewählten Volksvertreter besuchten regelmäßig militärische Feierlichkeiten der FlaRak-Soldaten. Intern galt die Prinz-Heinrich-Kaserne als einer der schönsten Standorte der Luftwaffe.

Abbildung 57: Ansprache des Lenggrieser Bürgermeisters Dr. Kaspar Seibold vor der Parade-Aufstellung des FlaRak-Bataillons 33. Links und rechts neben dem Rednerpult zwei „Gewehr-Pyramiden“ aus je drei G-3-Gewehren. Hinter der linken Pyramide stehend, Oberst Kuczewski, Regimentskommandeur, rechts davon, Oberstleutnant Wielpütz, Bataillonskommandeur. Im Hintergrund, vor der Raketenattrappe, Ehrengäste. Foto: Bundeswehr, Jan 1982, CC-BY-SA 3.0

---

[47] Nachdem auch die Standortverwaltung Mittenwald in Lenggries eine Außenstelle hatte, dürften es im Durchschnitt der Nutzungsjahre inklusive der festen Stellungen deutlich mehr als 100 zivile Arbeitsplätze gewesen sein.

Als dann 1990 mit der deutschen Wiedervereinigung die Notwendigkeit eines „HAWK-Gürtels" zur Luftverteidigung Deutschlands in Frage stand, befürchteten einige schon das Ende dieses Bataillons. Doch die Luftwaffenführung gliederte einfach um:

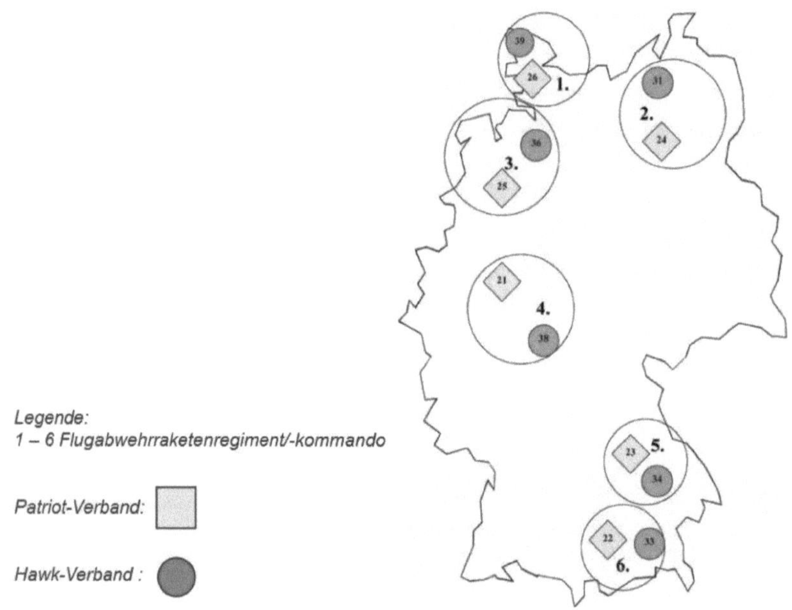

Abbildung 58: Gliederung der Flugabwehreinheiten nah der deutschen Wiedervereinigung. Die Waffensysteme HAWK wurden mit der moderneren Variante PATRIOT zu einem „Kommando" bzw. „Geschwader" gekoppelt. Das mit PATRIOT ausgestattete FlaRakBtl 22 hatte seinen Standort in Kaufbeuren, Sitz des 6. Kommandos war in Lenggries, das 5. Kommando befand sich in Erding. Grafik: Bundeswehr, eigene Bearbeitung.

Damit blieb der Standort in Lenggries vorerst erhalten. Im Stabsgebäude der Prinz-Heinrich-Kaserne fand auch der Stab des „6. FlaRak-Geschwaders" seinen Platz – zusammen mit einer Planstelle für den „Kommodore", den leitenden Offizier.[48]

[48] Vgl. hierzu: https://de.wikipedia.org/wiki/Flugabwehrraketengruppe_22 (aufgerufen am 10.10.2020)

Mit dem Ende der Ost-West-Konfrontation war aber die gesamte Konzeption der Bundeswehr von Grund auf unstimmig. Der „Zwei-plus-Vier-Vertrag" vom 12. September 1990 sah binnen vier Jahren eine Reduzierung der Personalstärke von 495.000 auf nunmehr 370.000 Mann vor.[49] Das Ziel vor Augen, verkleinerte die Bundeswehführung die Zahl der Planstellen, um dann im laufenden Prozess auf Wunsch der Haushälter noch weiter, auf 340.000 Dienstposten, zu reduzieren.[50] Gleichzeitig galt es, die Zahl der Waffensysteme zu verringern. Das betraf auch die Flugabwehr. Verschärfend kam ein generelles politisches Spardiktat hinzu. Es stellte sich die Frage, wozu überhaupt eine Bundeswehr, wenn man von „Freunden umzingelt" sei. Die Notwendigkeit eines starken NATO-Bündnisses erschloss sich nur mehr einer Minderheit.

Vermutlich war es eine rein betriebswirtschaftliche Überlegung, die schließlich zur Auflösung der Lenggrieser Kaserne und damit des 6. FlaRak-Kommandos führte. Das benachbarte 5. FlaRak-Geschwader residierte in Erding, einem weitaus größeren Standort. Die Fixkosten je Soldat sind in kleineren Standorten eben höher, das Sparpotential bei Schließung damit auch. Weitere Überlegungen, volkswirtschaftlicher oder gar verteidigungspolitischer Art scheinen dabei keine oder nur eine sehr geringe Rolle gespielt zu haben. Erste Hinweise auf die drohende Schließung gaben Pressemitteilungen zum Jahresende 2000:

---

[49] Siehe Seite 8 des Vertrages: https://www.auswaertiges-amt.de/blob/243466/2851e102b97772a5772e9fdb8a978663/vertragstextoriginal-data.pdf (aufgerufen am 10.10.2020)

[50] Die Reduzierung endete damit nicht. In vielen weiteren Schritten erreichte die Bundeswehr schließlich eine Stärke von rund 182.000 Soldatinnen und Soldaten (Stand: Ende 2019, siehe: https://augengeradeaus.net/2019/10/personalstaerke-september-2019-es-bleibt-bei-rund-182-000/ (aufgerufen am 10.10.2020)

Die diesjährige Weihnachtssitzung des Gemeinderates war überschattet vom Gerücht einer möglichen **Schliessung der Prinz-Heinrich-Kaserne** im Zuge der Bundeswehr-Struktur-Reform. Die am 14. Dezember in der Zeitung "Die Welt" verbreitete Liste der Standort-Streichungen in Deutschland beinhaltete auch Lenggries. Insofern hatte **Bürgermeister Werner Weindl** einen Sachstandsbericht zu diesem Thema – "eine Schliessung wäre eine Katastrophe für Lenggries" – kurzfristig auf die Tagesordnung gesetzt. Im Beisein von **Oberst Hartmut Oberfell** (auf der Zuhörerbank) folgte der Gemeinderat geschlossen der vom Bürgermeister vorgeschlagenen Strategie, die Standort-Schliessung zu verhindern, indem zunächst ein parteiübergreifender Arbeitskreis gegründet wird. Dieser soll unter Einbeziehung der Abgeordneten auf allen Ebenen und des bayerischen Ministerpräsidenten eine überzeugende Argumentation erarbeiten, warum die Prinz-Heinrich-Kaserne nicht geschlossen werden darf. Baldmöglichst

Gemeinderatssitzung am 18.12.2000

Abbildung 59: Zusammenfassung der Lenggrieser Gemeinderatssitzung vom 18.12.2000 - erste Informationen über die geplante Kasernenschließung. Oberst Hartmut Oberfell war damals „Kommodore". Website: prinz-heinrich-kaserne.de, mit freundlicher Genehmigung.

Alle Bemühungen des Bürgermeisters der Gemeinde, der Abgeordneten, ja der bayerischen Staatsregierung, blieben erfolglos. Der damalige Verteidigungsminister, Rudolf Scharping, ließ sich nicht umstimmen, lediglich eine „Gnadenfrist" bis Ende 2003 wurde gewährt. Standortschließungen sind immer eine große Belastung für die länger dienenden Soldaten, aber noch mehr für die betroffenen Gemeinden. Die Oberste Baubehörde des bayerischen Staatsministeriums des Inneren hielt dazu fest:[51]

> „Mit der Ende 2003 erfolgten Schließung der Bundeswehrkaserne steht die Gemeinde Lenggries vor der Bewältigung einer enormen städtebaulichen und wirtschaftlichen Aufgabe. Mit dem Abzug von 1000 Soldaten ergaben sich Kaufkraftabflüsse, der Verlust von 179 zivilen Arbeitsplätzen und von Aufträgen für die heimische Wirtschaft."

---

[51] Siehe dazu: https://www.bauen.bayern.de/assets/stmi/projektdatenbank/iic_projekt_s_lenggries_2011.pdf (aufgerufen am 10.10.2020)

Noch einmal, zum Abschied, traf man sich in der Prinz-Heinrich-Kaserne. Viele Besucher, Fahnenabordnungen der Vereine, die Gebirgsjäger, und Ehrengäste nahmen daran teil. Wehmut kam auf, als das Luftwaffenmusikkorps 1 aus Neubiberg zum letzten Male mit klingendem Spiel den feierlichen Appell der angetretenen Soldaten begleitete.

Abbildung 60: Abschiedsappell in der Prinz-Heinrich-Kaserne im Dezember 2003. Links im Bild das Zelt für die Ehrengäste. Davor Fahnenabordnungen der Gebirgsjäger und örtlicher Vereine. Foto: Bundeswehr, CC-BY-SA 3.0

Dreißig Jahre lang war die Kaserne militärische Heimat für viele Luftwaffensoldaten. Manche von ihnen blieben auch danach Lenggries noch verbunden und beließen ihren Wohnsitz in der Gemeinde. Nicht für alle gab es „echte" Dienstposten in anderen Standorten. Manch einer fand sich auf einer „kw"-Stelle wieder. Das bedeutet „kann wegfallen", eigentlich überflüssig. Ein Gefühl wie das fünfte Rad am Wagen.

Vor dem Haupteingang, auf einer Rasenfläche, platzierten die Luftwaffensoldaten einen großen Gedenkstein.

Abbildung 61: Plakette auf dem Gedenkstein am Haupteingang zur Prinz-Heinrich-Kaserne. Sie zeigt links das Wappen der Flugabwehrsoldaten, rechts die drei auf dem Gelände ausgestellten HAWK-Raketen. In der Mitte ein Luftbild des Areals aus der „Flugabwehrraketenzeit". Rechts unten die Adlerskulptur von Fritz Behn. Foto: Autor

7. Folgenutzungen des Kasernenareals

Die alliierten Siegermächte verfügten schon 1946, dass militärisch genutzte Liegenschaften, also auch die bayerischen Kasernen, vom deutschen Staat zu verwalten wären. Die junge Bundesrepublik als Rechtsnachfolgerin des Deutschen Reiches regelte das per Gesetz und richtete für die Verwaltung des Bundesvermögens eigene „Oberfinanzdirektionen" in den Ländern ein.[52] Das war im Großen und Ganzen eine Erfolgsgeschichte, tüchtige Beamte in speziellen Bauabteilungen verwalteten die Immobilien zuverlässig und sachkundig. Als dann die Bundeswehr 1962 die Nutzung der Kasernen übernahm, sorgte eine eigene Abteilung der „Wehrverwaltung"[53] für den Unterhalt der Anlagen.

Nun sollte aber nicht die Wehrverwaltung, sondern die „Bundesvermögensverwaltung" den Verkauf nicht mehr benötigter Kasernenareale übernehmen – ohne über die dazu erforderlichen Strukturen und Erfahrungen zu verfügen. Dazu kam wohl die Vorgabe der politischen Führung des Bundesministeriums der Verteidigung, einen möglichst hohen Verkaufserlös zu erzielen. Eine nicht einfache Aufgabe, der man sich mit Bedacht näherte. Im Falle der Prinz-Heinrich-Kaserne stand für die Behörde ein Verkauf erst nach dem vollständigen Abzug der Soldaten auf der Agenda, also frühestens 2004. Welche Verhandlungen und Gebote es zu diesem Zeitpunkt gab, darf und soll hier nicht veröffentlicht werden. Es könnte aber sein, dass Sachbearbeiter der Behörde als wahrscheinlichste

---

52 Das Gesetz ist hier abgedruckt; einschlägig ist § 4: https://www.bgbl.de/xaver/bgbl/start.xav?startbk=Bundesanzeiger_BGBl&jumpTo=bgbl150s0448.pdf#__bgbl__%2F%2F*%5B%40attr_id%3D%27bgbl150039.pdf%27%5D__1602701471956 (aufgerufen am 10.10.2020)

53 Siehe dazu: (aufgerufen am 11.10.2020) https://de.wikipedia.org/wiki/Bundesamt_f%C3%BCr_Wehrverwaltung

Folgenutzung „Gewerbe" angenommen haben. Damit ließe sich der zunächst veranschlagte Kaufpreis von 160 Euro pro Quadratmeter erklären.[54]

Aufgrund der bevorstehenden Auflösung des Bundeswehrstandortes Lenggries werden die Liegenschaften der Prinz-Heinrich-Kaserne im Internet angeboten. Unter **http://wirtschaft.bundeswehr.de** steht das Kasernenareal mit 153 022 Quadratmetern zum Verkauf sowie die ehemalige Schießanlage (45 540 Quadratmeter) und der Standortsportplatz (38 540 Quadratmeter). Für alle drei Liegenschaften ist auch die Verfügbarkeit angegeben: im Jahr 2004. Anfragen können direkt online per Mailformular geschickt werden. Deutschlandweit sind 500 Liegenschaften aufgeführt. Für Interessenten gibt das Verteidigungsministerium auf der Homepage eine Telefonnummer sowie eine E-Mail-Adresse an.

Abbildung 62: Information der Gemeinde Lenggries im Jahresbericht 2001, S. 71. Zum Kaufpreis hielt sich das Ministerium bedeckt.

Natürlich war ein Kauf des Areals für die Gemeinde Lenggries von Anfang an eine Option. Sie hätte sich den Bebauungsplan für die Folgenutzung passgenau selbst erstellen können. Die gewählten Volksvertreter wollten jedoch das unberechenbare Risiko möglicher Altlasten im Boden oder in den Gebäuden nicht tragen. Daraus lässt sich schwerlich ein Vorwurf ableiten, nicht selten gingen in vergleichbaren Fällen die Beseitigungskosten in die Millionen. Die Bundesvermögensverwaltung konnte dieses Risiko nach Aktenlage nicht ausschließen, wollte es aber loswerden. Klarheit hätte nur eine Untersuchung durch Sachverständige schaffen können – eine teure Variante.
In dieser Zeit gab es mehrere ähnlich gelagerte Fälle in Deutschland. Das Verteidigungsministerium muss Defizite in der Behördenstruktur erkannt haben, denn Ende 2004 entstand eine

[54] Details privater Vertragsverhandlungen sind vertraulich zu behandeln. Allerdings darf auf Presseveröffentlichungen zugegriffen werden, z. B.: https://www.wiwo.de/politik/deutschland/bundeswehr-erbe-mit-schrecken-seite-2/5761798-2.html (aufgerufen am 10.10.2020)

neue „Anstalt des öffentlichen Rechts" mit gesteigerter Expertise, die BImA.[55] Ab dem 1. Januar 2005 übernahm nun diese den Verkauf der Prinz-Heinrich-Kaserne.
Die Gemeinde Lenggries erhielt vom Bund Informationen über eine mögliche Folgenutzung des Areals. Die renommierte Münchner Schörghuber-Unternehmensgruppe zeigte Interesse und hatte vor, dort eine „Dienstleistungs-Fachhochschule" zu errichten. Zu diesen Ereignissen gab es Jahre später eine Anfrage des Landtagsabgeordneten Florian Streibl an die bayerische Staatsregierung. Hier die Antwort der Staatskanzlei im Auszug:

> Bereits vor dem offiziellen Abzug der Bundeswehr aus Lenggries habe die Schörghuber Unternehmensgruppe Mitte 2003 gegenüber der Bundesvermögensverwaltung ihr Interesse an der Liegenschaft für die Errichtung einer privaten Fachhochschule angemeldet. Nach Einbindung der Gemeinde Lenggries durch die Bundesvermögensverwaltung habe diese erklärt, das Grundstück selbst erwerben, bauplanerisch entwickeln und anschließend an die Schörghuber-Gruppe verkaufen zu wollen. Die Bundesvermögensverwaltung und die Gemeinde Lenggries hätten sich jedoch nicht auf einen Kaufpreis auf der Grundlage des gutachterlich ermittelten Verkehrswerts von 2,55 Mio. Euro einigen können. In der Folge habe die Schörghuber Unternehmensgruppe im Jahre 2006 auch ihr Angebot über die Errichtung einer Fachhochschule in Lenggries zurückgezogen.

Quelle: Landtags-Drucksache 17/84 vom 11. November 2013, Anfragen zum Plenum, hier: Florian Streibl, Seite 1 (aufgerufen am 11.10.2020)
http://www1.bayern.landtag.de/www/ElanTextAblage_WP17/Drucksachen/Basisdrucksachen/0000000001/0000000094.pdf (Landtag, 2013)

---

[55] BImA ist eine abgekürzte Bezeichnung der „Bundesanstalt für Immobilienaufgaben", gegründet mit Errichtungsgesetz am 9. Dezember 2004. Die BImA übernahm Fachpersonal aus den Oberfinanzdirektionen. Siehe: https://www.bundesimmobilien.de/5065/unternehmen (aufgerufen am 10.10.2020)

Bei diesem Kaufpreis errechnet sich ein Quadratmeterpreis von 16,67 €, wenn es nur um das eigentlich Kasernengrundstück ohne Sportplatz und Schießanlage gegangen wäre. Inklusive dieser Teile der Liegenschaft sind es dann nur noch 10,75 je m^2. Es gab schon fertige Pläne für die Fachhochschule, doch das Vorhaben scheiterte aus öffentlich nicht bekannten Gründen.

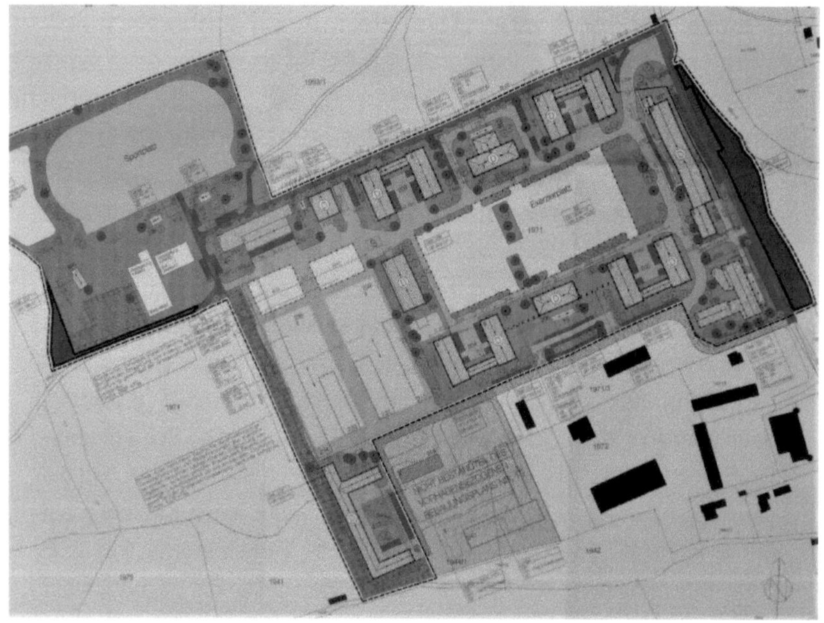

Abbildung 63: Bebauungsplanzeichnung für die Dienstleistungs-Fachhochschule in Lenggries. © P. Schwarzenberger, mit freundlicher Genehmigung.

Sachverständige prüften damals das Stabsgebäude und die ehemaligen Kompaniegebäude auf Schadstoffe. Dem Vernehmen nach ergaben sich nur im Dachbereich messbare Belastungen.[56]

[56] Die originalen Prüfberichte liegen dem Autor nicht vor, allerdings Aussagen damals involvierter Personen. Diese erscheinen plausibel, denn nach der Generalsanierung und Übernahme durch die Bundeswehr 1973 war Umweltschutz den Verantwortlichen der Wehrverwaltung sehr wichtig.

Die gewählten Volksvertreter der Gemeinde Lenggries plädierten jetzt für eine Beseitigung der Kasernenanlagen, es sollte nun eine „grüne „Wiese" entstehen. Das weitere Geschehen stellt die bayerische Staatskanzlei in der bereits genannten Drucksache des Landtags wie folgt dar:

> Ab diesem Zeitpunkt habe die Gemeinde Lenggries von der BImA den Abriss der Kasernengebäude und die anschließende Renaturierung des Geländes gefordert und erklärt, allenfalls Interesse an dem für die Gemeinde nützlichen Sportplatz zu haben. Das zuständige Landratsamt habe jedoch aus Gründen des Bestandsschutzes eine Beseitigungsanordnung verweigert und das Ansinnen der Kommune abgelehnt. Um das Verhältnis zur Gemeinde Lenggries zu verbessern, habe der damalige Vorstand der BImA der Gemeinde die Herauslösung und den Verkauf des Sportplatzes angeboten. Eine Einigung von BImA und Gemeinde Lenggries sei jedoch erneut am Kaufpreis gescheitert. Nachdem die Liegenschaft im September/Oktober 2008 öffentlich ausgeschrieben und auch auf Immobilienmessen, insbesondere der EXPO, erfolglos beworben worden sei, habe die Treureal Projektentwicklungsgesellschaft mbH im Frühjahr 2009 ihr Interesse an der Liegenschaft bekundet. Mit Vorstandsschreiben vom 22. Mai 2009 sei der Bürgermeister von Lenggries über die Kaufabsichten des Investors unterrichtet worden. Die Gemeinde habe mit Schreiben vom 3. Juni 2009 geantwortet und dabei die alte Forderung nach Beseitigung der Gebäude und Renaturierung des Geländes wiederholt. Die Gemeinde habe kein Interesse am Erwerb der Liegenschaft und insbesondere des Sportplatzes geäußert. Die BImA habe deshalb entschieden, das Grundstück am 17. August 2009 an die Projektentwicklungsgesellschaft Treureal mbH zu veräußern. Angaben zu Kaufpreis und Vertragsbedingungen hat die BImA nicht gemacht.

Quelle: Drucksache 17/84 vom 11. November 2013, Anfragen zum Plenum, hier: Florian Streibl, Seite 1 (aufgerufen am 11.10.2020) http://www1.bayern.landtag.de/www/ElanTextAblage_WP17/Drucksachen/Basisdrucksachen/0000000001/0000000094.pdf

Der Tagespresse war zu entnehmen, dass sich die Treureal Projektentwicklungsgesellschaft mbH mit der BImA auf einen Kaufpreis von 165.000 € für das Kernareal geeinigt habe.[57] Im gleichen Artikel sind erforderliche Sanierungskosten für Altlasten in Höhe von etwa 4,5 bis 5 Millionen Euro genannt. Das konnte nur eine sehr grobe Schätzung sein. Angenommen, es wären sogar 6 Millionen gewesen, dann hätte sich zuzüglich der Kaufsumme in Höhe von 165.000 € ein Quadratmeterpreis von rund 40 € ergeben; das darf man als günstig betrachten. Allerdings hätte die Gemeinde das Gelände sicher nicht so

Abbildung 64: Eingangsbereich zu einem Kompaniegebäude in der Prinz-Heinrich-Kaserne. Auch der Laie erkennt einen gewissen Sanierungsbedarf. Foto: Autor

[57] Siehe dazu z. B. den Artikel des Münchner Merkurs vom 11.09.2009: https://www.merkur.de/lokales/bad-toelz/kaserne-millionenschwere-folgekosten-465317.html (aufgerufen am 11.10.2020)

günstig bekommen um es selbst zu verkaufen; hier sicherte sich die BImA juristisch ab.
Damit war die Geschichte noch lange nicht zu Ende. Die Gemeindeverantwortlichen trafen sich mit den Investoren und besprachen die weitere Nutzung des Geländes. Dabei zeigten sich unterschiedliche Auffassungen. Die Projektentwicklungs-GmbH ging von einer möglichen Wohnbebauung aus und sah die Kaserne im „Innenbereich" von Lenggries. Die Gemeinde und übrigens auch die verkaufende BImA sprachen von einem „Außenbereich", was erhebliche Einschränkungen bedeutet. Eine Wohnbebauung lehnte der Gemeinderat mit großer Mehrheit ab. Die Tagespresse berichtete von einem Schreiben des Anwalts der Käufer. Darin ist von einer geplanten „umgebungsverträglichen Entwicklung des Areals, worin zum Beispiel die Etablierung von Bildungs- und Weiterbildungseinrichtungen mit internationalem Zuschnitt ebenso eine Rolle spielen könnte wie eine in diesem Zusammenhang stehende Folgeentwicklung" die Rede.[58]
Ein Jahr später, im November 2010, legten die Investoren konkrete Pläne auf den Tisch: Ein Jugendcamp für Fun- und Actionsport sollte hier entstehen. Die Woodward-Betreiber aus Pennsylvania, USA wären auf der Suche nach einem Standort in Europa.[59] Die Begeisterung in der Gemeinde hielt sich zunächst in Grenzen, ein rechtsverbindlicher vorhabenbezogener Bebauungsplan Nr. 15 „Camp Woodward Europe Lenggries" folgte trotzdem; das Vorhaben „ruht".

---

[58] Siehe dazu den Artikel im Münchner Merkur: https://www.merkur.de/lokales/bad-toelz/investoren-erlaeutern-plaene-lenggrieser-kaserne-459215.html (aufgerufen am 11.10.2020)

[59] Es existiert tatsächlich noch eine Website, die seit Jahren von „guten Fortschritten" bei der Projektentwicklung in Lenggries spricht: http://www.woodwardeurope.com/ Siehe dazu auch den Artikel im Münchner Merkur: https://www.merkur.de/lokales/bad-toelz/lenggrieser-kasernen-areal-jugendcamp-fun-actionsport-geplant-1022833.html (beide aufgerufen am 12.10.2020)

Per Beschluss sicherte sich der Gemeinderat inzwischen ein Vorkaufsrecht auf den ehemaligen Schießplatz. Das 43.000 m^2 große Gelände war immer noch im Eigentum der BImA.

Kurz darauf meldete sich das Bayerische Landesamt für Denkmalpflege. Diese unabhängig operierende Behörde stellte im Kernareal mehrere Gebäude unter Denkmalschutz.[60] Das bayerische Denkmalschutzgesetz sieht die Erhaltung von Gebäuden aber nur dann vor, wenn das „wegen ihrer geschichtlichen, künstlerischen,

Abbildung 65: Die jetzt unter Denkmalschutz stehende Adlerskulptur von Fritz Behn. Ursprünglich war ein Hakenkreuz im Steinkreis. Foto: Autor

Abbildung 66: Eines der nun unter Denkmalschutz stehenden Kompaniegebäude mit den bemalten Erkern und Eingängen. Warum alle vier baugleichen Objekte und das durch den neuen Heizungskamin optisch abgewertete Stabsgebäude auch unter Denkmalschutz stehen, erschließt sich dem Verfasser nicht. Foto: Autor

---

[60] Siehe dazu die Liste des Landesamtes für Denkmalschutz auf Seite 14: http://www.geodaten.bayern.de/denkmal_static_data/externe_denkmalliste/pdf/denkmalliste_merge_173135.pdf (aufgerufen am 12.10.2020)

städtebaulichen, wissenschaftlichen oder volkskundlichen Bedeutung im Interesse der Allgemeinheit liegt."[61] Inwieweit eine zur Vorbereitung eines Angriffskrieges von einer verbrecherischen Regierung in Auftrag gegebene Kaserne diesen Vorgaben entspricht, erschließt sich sicher nicht jedem. Aus dem Ensemble heraus ein besonderes Gebäude zu schützen, erscheint da sinnvoller. Am besten mit der Auflage, dabei den historischen Kontext mit der dem Frieden dienenden Nutzung durch die Bundeswehr darzustellen.

Abbildung 67: Das jetzt unter Denkmalschutz stehende Stabsgebäude - ohne den charakteristischen Zwiebelturm aber mit dem weniger dekorativem Heizkamin. Bildmitte: Der jetzige Standort der Adlerskulptur von Fritz Behn. Foto: Autor.

Mit einiger Wahrscheinlichkeit war es der Denkmalschutz, der auf private Investoren abschreckend wirkte. Erhebliche zusätzliche Kosten bei einer Sanierung sind damit programmiert. So vermieteten die Eigentümer als Zwischennutzung einzelne Teile als Lagerflächen. Inzwischen war über die Tagespresse bekannt geworden, dass hinter einer der Eigentümer-GmbHs ein ortsbekannter Unternehmer stand, Peter Wasner. Dieser wollte einige Gebäude dauerhaft zum Wohnen vermieten; in eines

[61] Siehe Artikel 1, Satz 1: (aufgerufen am 11.10.2020) https://www.gesetze-bayern.de/Content/Document/BayDSchG-1

zogen Asylbewerber ein. Die Gemeinde widersprach. Es kam zum Prozess, zuerst vor dem Verwaltungsgericht München, dann vor

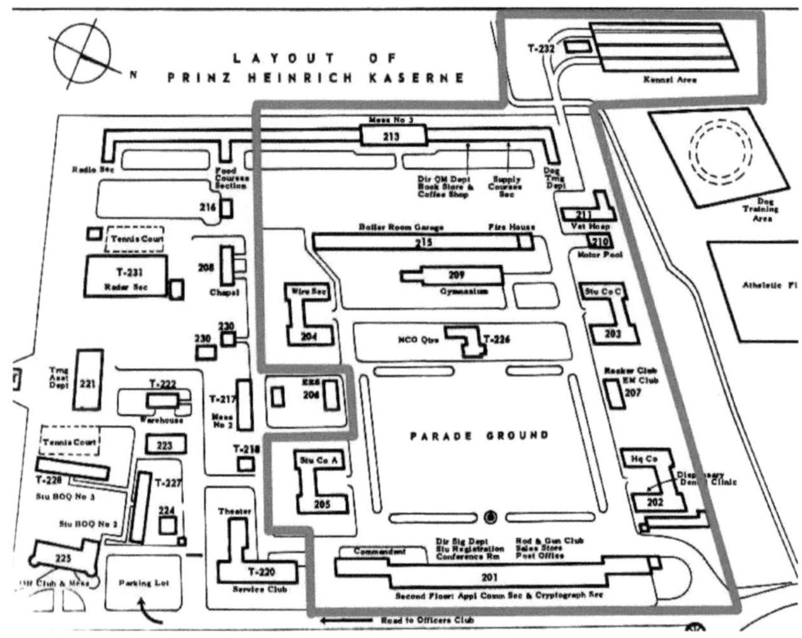

Abbildung 68: Der umrandete Nordteil der Prinz-Heinrich-Kaserne befindet sich seit dem 01.04.2016 im Eigentum der Gemeinde Lenggries. Karte: US-National Archives (NARA), public domain, eigene Bearbeitung.

der nächsthöheren Instanz, bis schließlich das Bundesverwaltungsgericht in Leipzig, wie schon die Vorinstanzen, der Sichtweise der Gemeinde folgte.[62]

---

[62] Das Gericht stellte u.a. fest, dass Gebietskörperschaften die Planungshoheit in ihrem Bereich besitzen. Sieht ein korrekt aufgestellter Bebauungsplan eine Wohnnutzung nicht vor, müssen sich die Eigentümer daran halten. Siehe dazu auch den Bericht im Münchner Merkur: https://www.merkur.de/lokales/bad-toelz/lenggries-ort28977/leipziger-richter-bestaetigen-gemeinde-7009229.html (aufgerufen am 11.10.2020)

Parallel dazu, mit Wirkung vom 1. April 2016, erwarb die Gemeinde den nördlichen Teil des Geländes, etwa 133.000 m². Dem Vernehmen nach erhielt die Eigentümer GmbH dafür einen Kaufpreis in Höhe von rund fünf Millionen Euro.[63] Wie es dazu kam, kann hier nicht dargestellt werden. Den Außenstehenden überrascht der hohe Kaufpreis. Zwölf Jahre zuvor hatte ein unabhängiger Gutachter den Wert des gesamten Kasernenareals auf 2,55 Millionen Euro geschätzt (siehe Seite 73). Eine durch die

Abbildung 67: Landwirtschaftliche Folgenutzung der Prinz-Heinrich-Kaserne als Schafweide. Foto: Autor, 2020.

allgemeine Entwicklung begründete Preissteigerung für Grundstücke ist in dieser Höhe auszuschließen. Wertsteigernde Investitionen in die Bausubstanz sind nicht sichtbar.

---

[63] Details privater Kaufverträge sind nicht öffentlich. Zulässig ist aber das zitieren der Tagespresse: https://www.merkur.de/lokales/bad-toelz/lenggries-ort28977/lenggrieser-kaserne-grosser-spielplatz-oder-doch-wohnraum-7732921.html (aufgerufen am 12.10.2020)

Seitdem ringen die verantwortlichen Volksvertreter um eine geeignete Verwendung des Areals. Immerhin ist die Weiternutzung des Sportgeländes durch ortsansässige Vereine jetzt gesichert. Aber die meisten nun gemeindeeigenen Gebäude stehen leer – und das seit nunmehr siebzehn Jahren. Zumindest ist eine nachhaltige und

Abbildung 68: Links sogenannte "Schleppdächer", Unterstellmöglichkeiten für Militärfahrzeuge. Davor ungestörte Nutztiere. Foto: Autor, 2020.

Abbildung 69: Der "technische Bereich" bietet mit den „Schleppdächern“ nach wie vor große überdachte Stellflächen. Foto: Autor, 2020.

umweltverträgliche Bewirtschaftung der vielen Rasenflächen festzuhalten; im Gelände weiden Schafe und Ziegen.
Das Gelände hat sich inzwischen an vielen Stellen zum Biotop entwickelt. Seltene Vögel nisten ungestört in versteckten Winkeln. Mit Sicherheit finden sich auch bedrohte Pflanzenarten und Kerbtiere. Damit ergeben sich weitere Einschränkungen für die Folgenutzung der Liegenschaft.

Abbildung 70: Einige Gebäude sind inzwischen dem Verfall preisgegeben, entwickeln sich daduch aber auch zum Biotop. Die vor 85 Jahren betonierte Fahrbahn ist nach wie vor erstaunlich stabil. Foto: Autor

Mit am besten erhalten ist das etwas abseits gelegene Offizierskasino. Sogar das Hausnummernschild ist noch im originalen Zustand.

Abbildung 71: Eingang zum Offizierskasino der Prinz-Heinrich-Kaserne. Die Kandelaber und das Schild mit der Hausnummer „Gebirgsjägerstraße 23“ sind original erhalten.

8. Fazit

Das Ende ist offen. Kein Vorschlag zu einer einheitlichen Folgenutzung fand bisher eine Mehrheit. Für das Areal existieren mehr als fünf Bebauungspläne. Die als erstes ins Gespräch

Abbildung 72: Herbstlicher Blick von der alten Wache am Kaserneneingang nach Westen, zum Brauneck. Foto: Autor, 2020.

gebrachte Bildungseinrichtung könnte dort immer noch Platz finden. Der bestens erschlossene Luftkurort Lenggries war nicht nur ein Traumstandort für Soldaten, er könnte es auch für Studenten sein. Der „technische Bereich" mit den zahlreichen Hallen und Werkräumen eignet sich womöglich für einen gemeindlichen Bauhof – um nur zwei der vielen Ideen zu nennen. Jedenfalls haben sehr viele der dort stationierten Soldaten die Kaserne nicht vergessen, es gibt sogar eine eigene Website, die der Verfasser an dieser Stelle sehr empfehlen darf:

https://www.prinz-heinrich-kaserne.de/PHK/index.html

Dass die Kaserne auch weiterhin den Status eines Denkmals behalten wird, erscheint sehr wahrscheinlich. Dazu gehört aber nach Meinung des Verfassers zwingend, den historischen Kontext dieser Liegenschaft darzustellen. Anfänge dazu sind gemacht, so steht neben dem Gedenkstein für die Luftwaffensoldaten der Bundeswehr auch ein passendes Pendant für die Gefallenen des zweiten Weltkriegs:

Abbildung 73: Die Inschrift lautet: „Zum Andenken an die Gefallenen und vermissten Soldaten des II. Gebirgsjägerregiment 98 der 1. Gebirgsdivision, das vom 01.10.1936 bis zum 03.09.1939 in der Prinz-Heinrich-Kaserne in Lenggries stationiert war." Foto: Autor, 2020.

LITERATURVERZEICHNIS

Baden-Württemberg, L. f. (2020). *Beginn zweiter Weltkrieg.* Abgerufen am 22. August 2020 von https://www.lpb-bw.de/beginn-zweiter-weltkrieg

Bauer, K. (1. Sept 2008). *Kurt Bauer Geschichte.* (I. f. Universität Wien, Hrsg.) Abgerufen am 18. August 2020 von http://www.kurt-bauer-geschichte.at/PDF_Lehrveranstaltung%202008_2009/14_Hitler-Denkschrift_Vierjahresplan.pdf

Denkmalpflege, B. L. (2020). *Denkmalliste Regierungsbezirk Oberbayern.* Abgerufen am 20. August 2020 von http://geodaten.bayern.de/denkmal_static_data/externe_denkmalliste/pdf/denkmalliste_merge_173135.pdf

Föderation, D.-r. P. (2020). *Germandocsinrussia.* Abgerufen am 22. August 2020 von https://rgaspi-458-9.germandocsinrussia.org/de/nodes/400#page/125/mode/inspect/zoom/8

Landtag, B. (11. November 2013). *Drucksachen des Landtages.* Abgerufen am 10. Oktober 2020 von http://www1.bayern.landtag.de/www/ElanTextAblage_WP17/Drucksachen/Basisdrucksachen/0000000001/0000000094.pdf

Wasensteiner, J. (2018). *Aus Kindheit, Krieg und Gefangenschaft.* Lenggries: Isarwinkel-Verlag.

Wikipedia. (2020). Diverse Einträge. Zu Details siehe die jeweilige Fußnote

Wolf, H. (2020). *Kritische Pacelli Edition*. (W. W.-U. Münster, Herausgeber, & K.-T. Fakultät, Produzent) Abgerufen am 18. August 2020 von http://www.pacelli-edition.de/dokument.html?idno=5713

Im Übrigen sei auf die Quellenangaben in den jeweiligen Fußnoten verwiesen.

LINKVERZEICHNIS

Buch Seite	Link	QR
10	http://alex.onb.ac.at/cgi-content/alex?aid=dra&datum=1935&pos=143&size=45	
	Link	**QR**
10	http://www.kurt-bauer-geschichte.at/PDF_Lehrveranstaltung%202008_2009/14_Hitler-Denkschrift_Vierjahresplan.pdf	
	Link	**QR**
10	https://www.dhm.de/lemo/kapitel/ns-regime/aussenpolitik/wehrpflicht-1935.html	

Buch Seite	Link	QR
13	https://www.sueddeutsche.de/muenchen/wolfratshausen/stadtmuseum-der-grosse-nazi-plan-fuer-bad-toelz-1.3355173	
	Link	**QR**
14	https://mediatum.ub.tum.de/887991	
	Link	**QR**
15	https://de.wikipedia.org/wiki/Stauwehr_Kr%C3%BCn	
	Link	**QR**
15	https://www.merkur.de/lokales/bad-toelz/bad-toelz-ort28297/betrogene-isarwinkel-schon-vor-100-jahren-ging-es-um-elektrifizierung-bahn-13744703.html	
	Link	**QR**
15	http://www.pacelli-edition.de/dokument.html?idno=5713	

Buch Seite	Link	QR
16	https://de.wikipedia.org/wiki/Aufr%C3%BCstung_der_Wehrmacht	
	Link	**QR**
17	https://de.wikipedia.org/wiki/Bruno_Biehler	
	Link	**QR**
24	http://geodaten.bayern.de/denkmal_static_data/externe_denkmalliste/pdf/denkmalliste_merge_173135.pdf	
	Link	**QR**
26	https://de.wikipedia.org/wiki/Heinrich_von_Bayern_(1884%E2%80%931916)	
	Link	**QR**
30	https://www.prinz-heinrich-kaserne.de/PHK/files/text.html	

Buch Seite	Link	QR
31	https://www.lpb-bw.de/beginn-zweiter-weltkrieg	
	Link	**QR**
31	https://www.lpb-bw.de/beginn-zweiter-weltkrieg#c22397	
	Link	**QR**
33	https://de.wikipedia.org/wiki/97._J%C3%A4ger-Division_(Wehrmacht)	
	Link	**QR**
34	https://de.wikipedia.org/wiki/Kraft_durch_Freude	
	Link	**QR**
34	https://www.br.de/radio/bayern2/sendungen/land-und-leute/gendarm-paul-mayer-chaussy122.html	

Buch Seite	Link	QR
36	https://rgaspi-458-9.germandocsinrussia.org/de/nodes/400#page/125/mode/inspect/zoom/8	
	Link	**QR**
36	https://de.wikipedia.org/wiki/Reinhard_Heydrich	
	Link	**QR**
37	https://wwii.germandocsinrussia.org/de/nodes/14370-akte-34-unterlagen-der-ss-junkerschule-t-lz-aufgaben-f-r-den-11-kriegs-junker-lehrgang-und-entsprechende-l-sungsvorschl-ge-marsch-und-unterkunftsskizzen-des-ss-panzergrenadierregiments-germania-im-raum-m-nchen-u-a#page/102/mode/inspect/zoom/4	
	Link	**QR**
38	https://www.prinz-heinrich-kaserne.de/PHK/files/history_4a.html	

Buch Seite	Link	QR
39	https://www.bundesarchiv.de/findbuecher/rlg_findm/findb/NS26-18356.xml	
	Link	**QR**
44	https://de.wikipedia.org/wiki/George_S._Patton	
	Link	**QR**
48	https://firstdivisionmuseum.nmtvault.com/jsp/viewer.jsp?doc_id=iwfd0000%2F20150825%2F00000035&page_name=88	
	Link	**QR**
48	https://firstdivisionmuseum.nmtvault.com/jsp/viewer.jsp?doc_id=iwfd0000%2F20141124%2F00000038&page_name=676	
	Link	**QR**
50	https://de.wikipedia.org/wiki/Frank_McCourt	

Buch Seite	Link	QR
50	http://tadahling.tripod.com/memoriesofaspecialforcessoldier/id4.html	
	Link	**QR**
51	https://de.wikipedia.org/wiki/1st_Special_Forces_Command_(Airborne)	
	Link	**QR**
53	https://de.wikipedia.org/wiki/Dichlordiphenyltrichlorethan	
	Link	**QR**
54	https://de.wikipedia.org/wiki/Wehrpflicht_in_Deutschland#Bundesrepublik_Deutschland	
	Link	**QR**
59	https://cdn.website-editor.net/c524344e386246dab9eebd3c3f00c9a9/files/uploaded/Chronik%252050%2520Jahre%2520FlaRakG%25201.pdf	

Buch Seite	Link	QR
60	https://www.prinz-heinrich-kaserne.de/PHK/files/history9.html	
	Link	**QR**
62	https://de.wikipedia.org/wiki/Gesundheitssch%C3%A4den_durch_milit%C3%A4rische_Radaranlagen	
	Link	**QR**
63	https://en.wikipedia.org/wiki/MIM-23_Hawk	
	Link	**QR**
64	https://magazin.spiegel.de/EpubDelivery/spiegel/pdf/13509808	
	Link	**QR**
66	https://de.wikipedia.org/wiki/Flugabwehrraketengruppe_22	

Buch Seite	Link	QR
67	https://www.auswaertiges-amt.de/blob/243466/2851e102b97772a5772e9fdb8a978663/vertragstextoriginal-data.pdf	
	Link	**QR**
67	https://augengeradeaus.net/2019/10/personalstaerke-september-2019-es-bleibt-bei-rund-182-000/	
	Link	**QR**
68	https://www.bauen.bayern.de/assets/stmi/projektdatenbank/iic_projekt_s_lenggries_2011.pdf	
	Link	**QR**
71	https://www.bgbl.de/xaver/bgbl/start.xav?startbk=Bundesanzeiger_BGBl&jumpTo=bgbl150s0448.pdf#__bgbl__%2F%2F*%5B%40attr_id%3D%27bgbl150s0448.pdf%27%5D__1603560885953	

Buch Seite	Link	QR
71	https://de.wikipedia.org/wiki/Bundesamt_f%C3%BCr_Wehrverwaltung	
	Link	**QR**
72	https://www.wiwo.de/politik/deutschland/bundeswehr-erbe-mit-schrecken-seite-2/5761798-2.html	
	Link	**QR**
73	http://www1.bayern.landtag.de/www/ElanTextAblage_WP17/Drucksachen/Basisdrucksachen/0000000001/0000000094.pdf	
	Link	**QR**
73	https://www.bundesimmobilien.de/5065/unternehmen	

Buch Seite	Link	QR
75	http://www1.bayern.landtag.de/www/ElanTextAblage_WP17/Drucksachen/Basisdrucksachen/0000000001/0000000094.pdf	
	Link	**QR**
76	https://www.merkur.de/lokales/bad-toelz/kaserne-millionenschwere-folgekosten-465317.html	
	Link	**QR**
77	https://www.merkur.de/lokales/bad-toelz/investoren-erlaeutern-plaene-lenggrieser-kaserne-459215.html	
	Link	**QR**
77	http://www.woodwardeurope.com/	
	Link	**QR**
77	https://www.merkur.de/lokales/bad-toelz/lenggrieser-kasernen-areal-jugendcamp-fun-actionsport-geplant-1022833.html	

Buch Seite	Link	QR
78	http://www.geodaten.bayern.de/denkmal_static_data/externe_denkmalliste/pdf/denkmalliste_merge_173135.pdf	
	Link	**QR**
79	https://www.gesetze-bayern.de/(X(1)S(kdx5zmq11tbydguwciq5qxih))/Content/Document/BayDSchG	
	Link	**QR**
80	https://www.merkur.de/lokales/bad-toelz/lenggries-ort28977/leipziger-richter-bestaetigen-gemeinde-7009229.html	
	Link	**QR**
81	https://www.merkur.de/lokales/bad-toelz/lenggries-ort28977/lenggrieser-kaserne-grosser-spielplatz-oder-doch-wohnraum-7732921.html	
	Link	**QR**
84	https://www.prinz-heinrich-kaserne.de/PHK/index.html